全国中等职业技术学校汽车维修专业教材

汽车维护实训

人力资源和社会保障部教材办公室组织编写

中国劳动社会保障出版社

简介

本书以汽车各类维护规范和各车型维护标准为依据，采用实训模式编写，设置典型的维护作业任务，锻炼学生的动手能力和职业素养，为后续专业课程的学习奠定扎实的基础。

本书由羌春晓主编，邹明珠、柳丽红、汤爱国参加编写，祖国海主审。

图书在版编目（CIP）数据

汽车维护实训/羌春晓主编．—北京：中国劳动社会保障出版社，2010

全国中等职业技术学校汽车维修专业教材

ISBN 978－7－5045－8508－0

Ⅰ．①汽…　Ⅱ．①羌…　Ⅲ．①汽车－车辆修理－专业学校－教材　Ⅳ．①U472

中国版本图书馆 CIP 数据核字（2010）第 166616 号

中国劳动社会保障出版社出版发行

（北京市惠新东街 1 号　邮政编码：100029）

出 版 人：张梦欣

*

中国铁道出版社印刷厂印刷装订　新华书店经销

787 毫米×1092 毫米　16 开本　8.5 印张　195 千字

2010 年 8 月第 1 版　　2010 年 8 月第 1 次印刷

定价：19.00 元

读者服务部电话：010－64929211/64921644/84643933

发行部电话：010－64961894

出版社网址：http：//www.class.com.cn

前　言

随着汽车的逐步普及和交通运输业的发展，汽车保有量大幅增加，社会对汽车维修专业技能人才的需求日益增大，对其知识和技能的要求也在不断提高，这就对相应的职业教育和培训提出了更高、更新的要求。为了更好地满足社会对汽车维修专业技能人才的需求，满足中等职业技术学校汽车维修专业的教学需要，我们在广泛调研的基础上，组织行业企业专家、职业教育研究人员、学校一线骨干教师共同开发了本套全国中等职业技术学校汽车维修专业教材。

本套教材包括：《汽车文化》《汽车结构》《汽车识图》《汽车维修基础》《钳工与焊工基本技能》《汽车电路知识与基本操作技能》《汽车发动机构造与维修》《汽车电控发动机构造与维修》《汽车发动机拆装与维修实训》《汽车底盘构造与维修》《汽车底盘拆装与维修实训》《汽车底盘与车身电控技术》《汽车电气设备构造与维修》《汽车电气设备拆装与维修实训》《汽车自动变速器构造与维修》《汽车维护实训》《汽车故障诊断》等。

本套教材具有以下特色：

第一，以国家职业标准《汽车修理工（中级）》为依据，结合企业的用人要求，科学定位教材内容，体现汽车维修的技术发展和时代特征。

第二，综合考虑专业能力培养和教学操作性。本套教材采用模块化的教学设置，分为基础、发动机、底盘、电气、维护和选修 6 大模块。在车型选择上，尽量选用具有代表性的常见车型，增强教学的适用性。

第三，注重综合职业能力的培养。一方面选取了大量来源于企业和工厂的实际案例，营造真实的工作情境；另一方面设置了较大篇幅的实训内容，针对发动机、底盘、电气、维护还开发了相应的实训教材，培养学生扎实的汽车维修技能。

第四，教材编写采取新的模式，注重激发学生的学习兴趣，引导学生自主学习。教材编写中制作和拍摄了大量高质量的图片，避免大段文字的罗列，实训教材采用图表化的编写体例，符合学生的认知规律。

第五，本套教材配套开发了完善的教辅资源，包括习题册、教学参考书、多媒体教学课件等。

本套教材的编写得到了广东、广西、山东、山西、江苏、河北、陕西、四川、内蒙古等省（自治区）人力资源和社会保障部门，以及众多职业技术学校的支持和帮助，对此我们表示衷心的感谢。

人力资源和社会保障部教材办公室

2010 年 7 月

目　录

课题一 汽车维护基础

一、汽车维护的目的

汽车在使用过程中，由于各部件发生摩擦、振动、冲击以及受自然条件的影响，而使汽车各总成、机构及零件必然逐渐产生不同程度的自然松动、磨损和机械损伤。因此，随着汽车行驶里程的增加，其技术状况会逐渐变坏，使用性能也随之变差，若不采取必要的措施，必然使汽车的动力性、经济性以及可靠性下降，严重时会发生事故，出现预想不到的后果。

汽车维护是为维持汽车完好技术状况或工作能力而进行的作业，目的在于保持车辆的外观整洁，减缓机件的磨损速度，减少不应有的损坏，而且可以及时查明并消除故障隐患，同时实现下述功能：

1. 确保汽车经常处于良好的技术状况，随时可以出车，提高车辆完好率。
2. 在正常的使用条件下，汽车在运行中不至于因中途损坏而停歇，同时不至于因机件事故而影响行车安全。
3. 确保汽车各部件总成的技术状况尽可能保持均衡状态，从而延长大修间隔里程。
4. 确保汽车运行中燃料、润滑材料、零配件及轮胎的消耗费用达到最低水平。
5. 减小车辆的噪声与排放污染物对环境的污染。

二、汽车维护的原则

我国现行的汽车维护原则是“预防为主，强制维护”。预防为主的设备管理原则世界通行，只有做好事前的预防性工作，才能使设备经常保持良好的技术状况，降低故障率，降低消耗，延长使用寿命。现行的汽车维护原则将过去的定期维护改为强制维护，这是为了进一步强调维护的重要性和必要性，使运输单位和个人更加重视车辆的维护，防止因追求眼前利益而未及时进行维护，从而导致车况严重恶化，影响安全行驶。

三、汽车维护的分类和作业范围

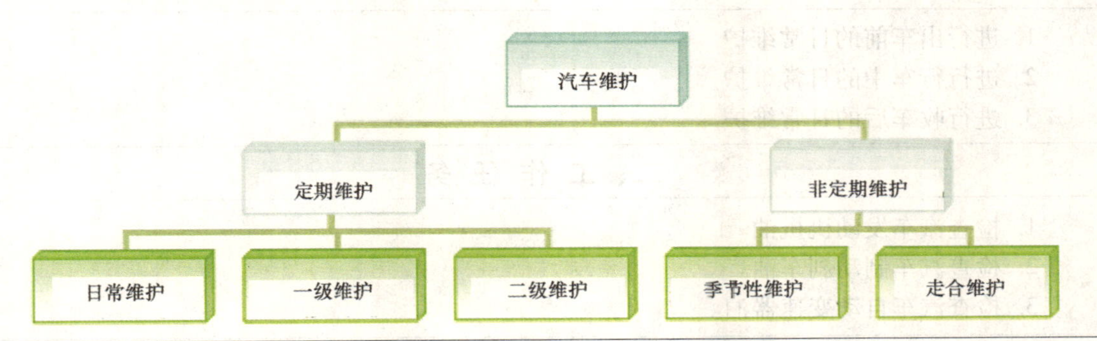

维护种类	作业范围
日常维护	日常维护作业以清洁、补给和安全检视为中心内容。其主要内容是： 1. 坚持“三检”，即出车前、行车中、收车后检视车辆的安全机构及各部件连接的紧固情况 2. 保持“四清”，即保持润滑油、空气滤清器、燃油滤清器和蓄电池的清洁 3. 防止“四漏”，即防止漏水、漏油、漏气、漏电
一级维护	一级维护作业中心内容除日常维护作业外，以清洁、润滑、紧固为主，并检查有关制动、操纵等安全部件
二级维护	二级维护作业中心内容除一级维护作业外，以检查、调整转向节、转向摇臂、制动蹄片、悬架等经过一定时间的使用容易磨损或变形的安全部件为主，并拆检轮胎，进行轮胎换位
季节性维护	由于冬、夏季的温差大，为使车辆在冬、夏季也能可靠地工作，在换季之前，应结合定期维护，并附加一些相应的项目，使汽车适应气候变化了的运行条件，此种附加性维护称为季节性维护
走合维护	汽车运行初期，改善零件摩擦表面几何形状和表面层物理机械性能的过程

四、汽车维护的作业规范

维护作业包括：清洗、检查、补给、润滑、紧固、调整等内容。一般除主要总成发生故障必须解体外，不得对车辆总成进行解体，这就明确了维护和修理的界限。车辆进行维护时，不能对其主要总成大拆大卸，只有在发生故障需要解体时方允许进行解体。很明显，与过去的维护制度比较，现行的维护制度有以下特点：

1. 取消了整车解体式的三级维护。经生产实践证明，对主要总成大拆大卸的工艺方法是不科学的，也是不符合技术经济原则的。同时，“三级维护”作业内容既有维护的作业又有修理的作业，不便于维护与修理的区分。

2. 没有对各级维护周期作统一规定，由各省、市、自治区按车型，结合本地区具体情况制定各自的维护周期，但制定了车辆维护技术规范以保证车辆正常维护的质量。

3. 对季节性维护作了规范：当车辆进入冬、夏两季运行时，一般结合二级维护对车辆进行季节性维护。

任务一　汽车日常维护

一、教学目标

1. 进行出车前的日常维护。
2. 进行行车中的日常维护。
3. 进行收车后的日常维护。

二、工作任务

1. 检查汽车发动机机油。
2. 检查汽车制动刹车油。
3. 检查汽车自动变速器油。

三、预 备 知 识

日常维护是各级维护的基础，是预防性的维护作业，由驾驶员在每天出车前、行车中、收车后负责执行，以清洁、补给和安全检视为主。

日常维护主要内容是坚持“三检”，即出车前、行车中、收车后检视车辆的安全机构及各部机件连接的紧固情况；保持“四清”，即保持润滑油、空气滤清器、燃油滤清器和蓄电池的清洁；防止“四漏”，即防止漏水、漏油、漏气和漏电；保持车容整洁。

四、任 务 实 施

任务1 出车前的日常维护

相关图示	作业内容
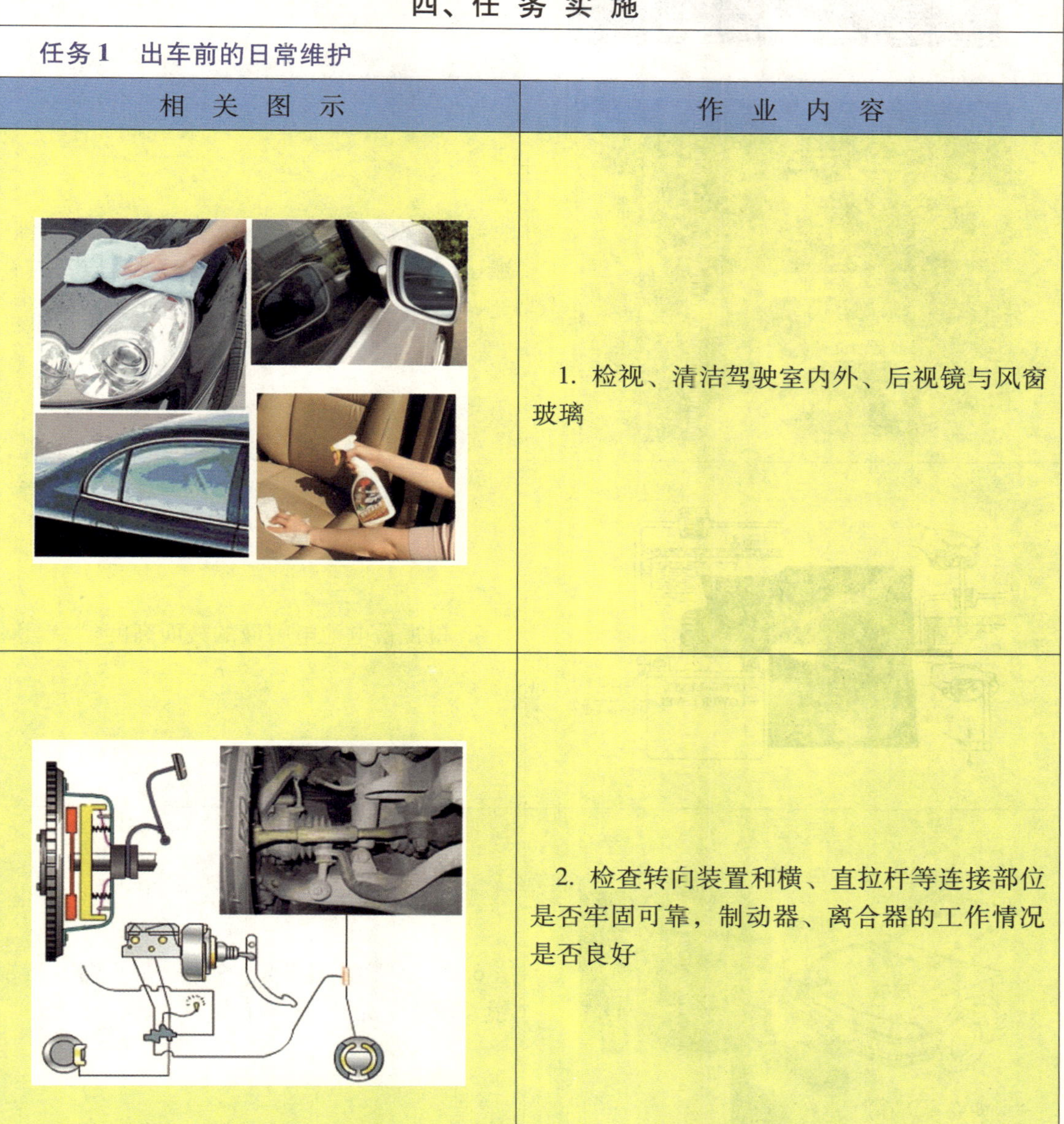	1. 检视、清洁驾驶室内外、后视镜与风窗玻璃
	2. 检查转向装置和横、直拉杆等连接部位是否牢固可靠，制动器、离合器的工作情况是否良好

	3. 检视轮胎气压及外观，检查汽车主要外露部位的螺栓、螺母是否齐全有效且紧固可靠
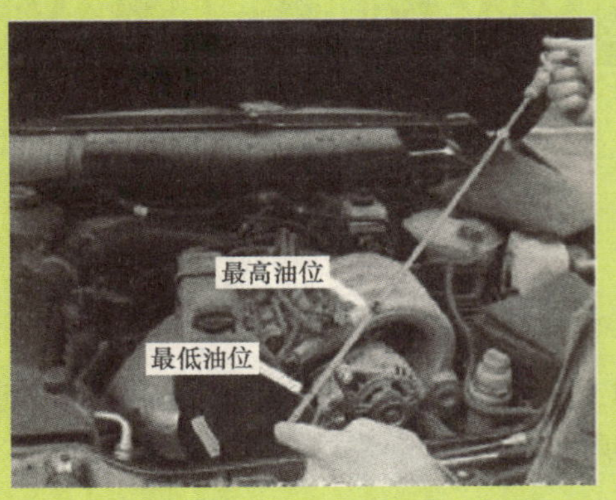	4. 检视燃油、润滑油、冷却液、制动液、液压油液量是否符合要求，不足时应及时补充
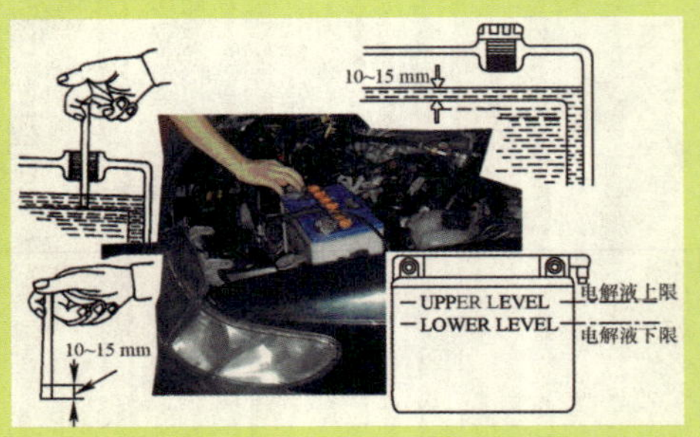	5. 检视蓄电池电解液的液面高度
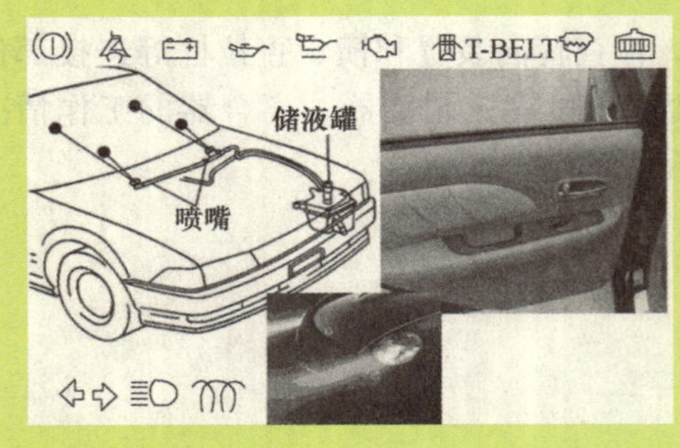	6. 检视照明、信号、喇叭、刮水器、后视镜、门锁等是否齐全有效

任务 2 行车中的日常维护

相关图示	作业内容
	1. 检视车辆有无漏水、漏气、漏油、漏电现象
	2. 检视轮胎外表及气压情况，并清除胎纹中的杂物
	3. 检视制动器有无拖滞发热现象，检视钢板弹簧有无折断，卡子有无脱落、缺损，U形螺栓是否紧定可靠
	4. 检视横、直拉杆球头销连接和锁止情况；对于发动机前置后轮驱动的载货汽车，还应检视传动轴各凸缘连接螺栓、中间轴承支架螺栓的紧固情况，以及万向节十字轴轴承盖板锁片保险情况

任务3 收车后的日常维护

相关图示	作业内容
	1. 检视各连接装置、钢板弹簧的卡子和U形螺栓松动情况
	2. 清洁汽车外表及驾驶室内部；检视轮胎气压，并清除胎纹中杂物
	3. 清洁蓄电池外部，检查极柱与电缆的连接情况，冬季气温如果低于－30℃，露天停放的车辆应拆下蓄电池放入室内保温
	4. 及时补充燃油、润滑油等工作液

	5. 检视冷却系：夏季需定期换水，冬季应及时放水或采取必要的防冻措施
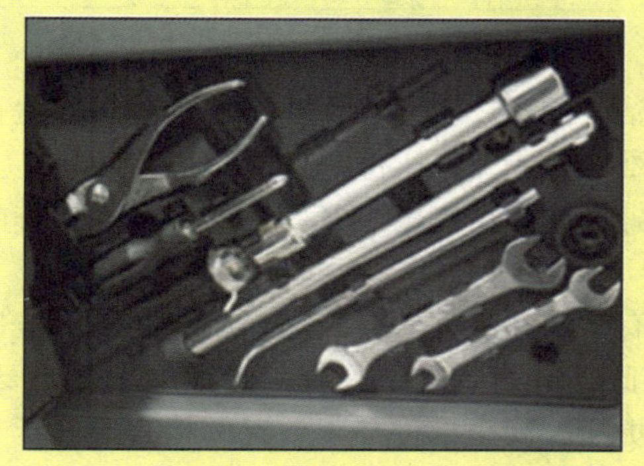	6. 整理车辆证件、随车工具及附件等物品
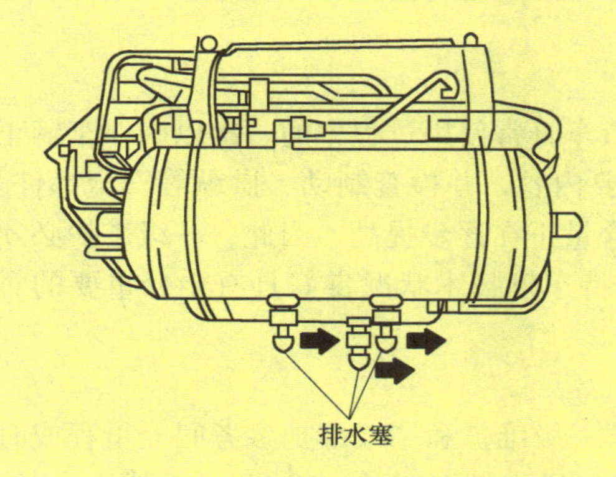	7. 对于有储气筒的车子，应放净储气筒中的积水、油污，并关好开关

任务二 汽车一级维护

一、教 学 目 标

1. 能够对发动机各部件进行一级维护。
2. 能够对汽车底盘进行一级维护。
3. 能够对汽车电器进行一级维护。

二、工作任务

1. 发动机空气滤清器、蓄电池的清洁与检查。
2. 检查曲轴箱油面高度，并察看润滑油品质。
3. 调整传动带。
4. 检查冷却装置。
5. 离合器踏板自由行程、制动踏板自由行程的检查与调整。
6. 灯光系检查及灯泡更换。

三、预备知识

1. 汽车一级维护的定义

汽车一级维护是指除日常维护作业外，以清洁、润滑、紧固为作业中心内容，并检查有关制动、操纵等安全部件的车辆维护作业，由维修企业负责执行。

一级维护作业的中心内容是在日常维护的基础上增加了润滑、紧固和安全部件检查的内容；一级维护应由专业维修企业负责进行，即应进厂维护。

在汽车使用过程中，随着行驶里程的增加，有些零部件可能会出现松脱，润滑部位出现缺油和漏油等现象，影响汽车操纵安全性，因此，定期对汽车进行一级维护十分必要。由于一级维护作业中零部件紧固，润滑油添加、更换，安全部件技术状况的检查等属于专业性维护作业，需要利用相关专业设备和工具按技术标准进行，所以，汽车一级维护应由维修企业负责执行。

2. 汽车一级维护的基本要求

汽车一级维护是一项运行性维护作业，即在汽车日常使用过程中的一次以确保车辆正常运行为目的的作业，以清洁、润滑、紧固为主要内容，并检查制动、操纵等安全部件。随着现代汽车技术的发展，汽车维护作业的技术含量正在逐步提高，因此，一级维护必须由汽车维修企业的专业维护人员来完成，这对保持车辆技术状况良好具有十分重要的意义。

3. 发动机的一级维护

根据《汽车运输业车辆技术管理规定》，汽车一级维护和二级维护参考间隔里程或时间分别为：一级维护 2 500 ~ 3 000 km 或一个月；二级维护 10 000 ~ 12 000 km 或六个月；以行驶里程或使用月份先达到为准。一级维护由专业维修工负责实施，其作业中心内容除日常维护作业外，以清洁、润滑和紧固为主，并检查有关安全部件。

4. 底盘的一级维护

底盘的作用是支撑、安装汽车发动机及其他各部件、总成，形成汽车的整体造型，并接受发动机的动力，使汽车产生运动，在保证正常行驶方面非常重要。但汽车底盘的保养却不被重视，远没有发动机和车身那么受人关注，其实汽车底盘是否保养得当，直接关系到汽车的安全性、操控性、舒适性和经济性等各种关键性能，丝毫不能掉以轻心。汽车底盘的维护和发动机维护有很多相似之处，需要及时检查。

四、任务实施

任务1 发动机的一级维护基本作业

相关图示	作业内容
 	1. 检查机油油品和油面高度 （1）用机油尺取少量机油滴于中性滤纸上，检查其扩散的油迹。若中心黑色杂质颜色较深、颗粒较大，说明机油含杂质较多已变质 （2）用手捻搓取样机油，若机油失去黏性，说明机油内混有燃油 （3）油量不足时，应补充相同牌号机油至规定刻度线
	2. 检视并清洁空气滤清器 滤清器各部清洁、完好，滤清器上下衬垫密封良好，卡箍紧固可靠
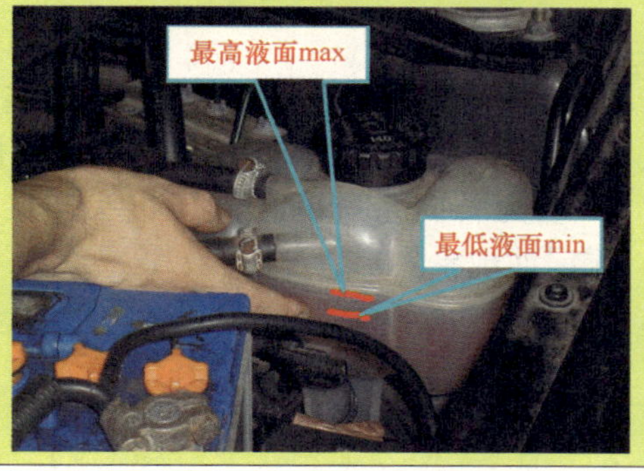	3. 检查传动带 （1）检查传动带外观及传动带松紧度：传动带应无龟裂和过量磨损，表面无油污。传动带各处挠度应符合规定。桑塔纳 LX 型车用拇指以约 98 N 力压传动带，其挠度：发电机处 12 mm；水泵处 10 mm；转向助力泵处 5 mm （2）正时齿轮齿形带的张紧度应符合规定
	4. 检查冷却装置 （1）检查液面高度：膨胀水箱液面低于 min 线时，应补充冷却液至与 max 线齐平为止 （2）检查散热器应无漏水现象

	5. 检查密封情况 检查发动机各结合平面衬垫完好，连接紧固，管路接头可靠，线路无破损，各部无泄漏

任务2　底盘的一级维护基本作业

项目	相关图示	作业内容
传动系的维护		（1）检查、调整离合器踏板的自由行程、有效行程；桑塔纳轿车的离合器踏板自由行程为15～25 mm，有效行程为(150±5) mm；富康轿车的离合器踏板自由行程为5～15 mm，有效行程不小于140 mm （2）检查变速器、主减速器无漏油现象，通气孔清洁、畅通，各部连接紧固 （3）检查驱动轴、万向节防尘罩：各防尘罩无损坏，卡箍安装可靠 （4）紧固传动系各部件连接螺栓
转向系的维护		（1）检视转动杆件外表：球形节连接可靠、无旷动；杆件外表应无明显变形和损伤 （2）动力转向系统的各液压接头连接可靠，无漏油现象

制动系的维护	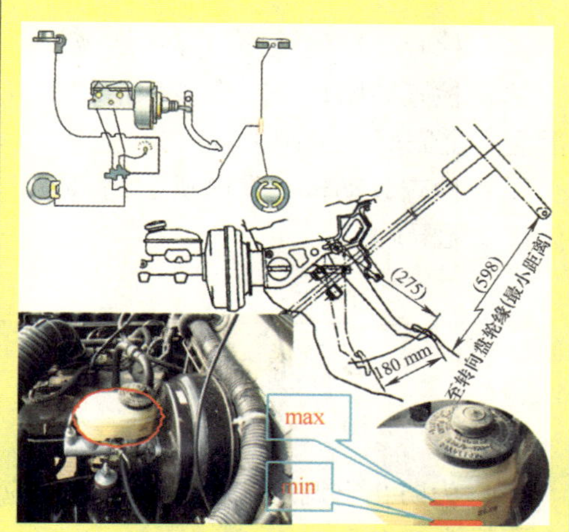	（1）制动主缸、制动助力装置、前后车轮制动器的各部件完好，连接紧固无漏油现象 （2）检查制动管路及接头：制动软管无老化、变形、磨损或破裂；管接头连接可靠，无漏油现象 （3）检查制动液储液罐液面高度，应位于上下两标记之间，当制动液过少时，应及时补充 （4）检查制动踏板自由行程应符合规定：桑塔纳轿车为 3 ~ 6 mm；富康轿车为 6 ~ 10 mm；夏利轿车为 3 ~ 7 mm
行驶系的维护		（1）检查减振器工作性能：若减振器漏油或用两手压车身，然后迅速放手，车身上下跳动 2 ~ 3 次，说明减振器减振性能已有所减弱 （2）检查轮毂轴承松紧程度：轮毂轴承应转动灵活无卡滞，轴向及径向无明显间隙 （3）检查车轮胎面：胎面无异常磨损，花纹深度应大于 1.6 mm（其他大型车辆轮胎胎冠上的花纹深度不得小于 3.2 mm）；轮胎气压应符合相关规定

任务 3　车身、电器的一级维护

项目	相关图示	作业内容
车身		检查车门、门锁、玻璃、升降器、后视镜、发动机舱盖，各部应齐全完好，工作正常，并对转动部位进行润滑

电器设备	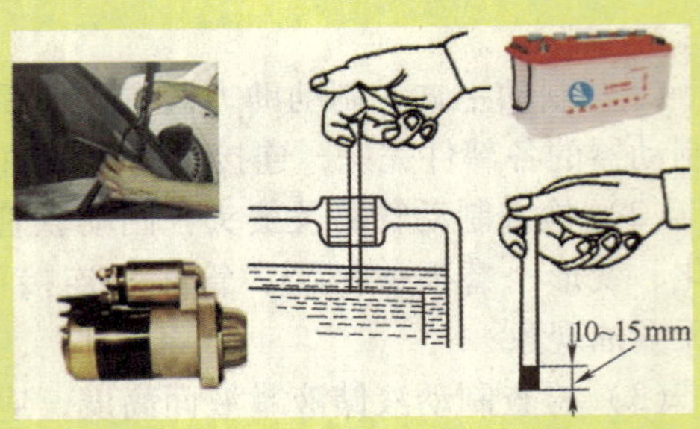	（1）检查蓄电池液面，并清洁极桩 （2）检查照明设备、仪表和信号装置，各部应齐全完好，工作正常 （3）检查起动机、发电机、刮水器，应工作正常无异响
空调装置		（1）为防止空调压缩机损坏，每周应打开空调系统工作 5 ~ 10 min （2）清洁冷凝器外部

任务三　汽车二级维护

一、教学目标

1. 了解发动机、底盘、电器二级维护项目的检测方法。
2. 能够对发动机进行二级维护。
3. 能够对底盘进行二级维护。
4. 能够对电器进行二级维护。

二、工作任务

1. “三滤”的清洗或更换。
2. 化油器、传动带、火花塞、点火系、离合器踏板自由行程、车轮前束、车轮制动器的检查与调整。
3. 轮胎换位。
4. 交流发电机、起动机的检测与维护。

三、预备知识

1. 汽车二级维护的定义

汽车二级维护是指完成一级维护作业外，以检查、调整转向节、转向摇臂和悬架等使用过一定时间后容易磨损或变形的安全部件为主，同时还包括拆检轮胎，进行轮胎换位，检查、调整发动机和排气污染控制装置的工况等内容的车辆维护作业，由维修企业负责执行。

汽车行驶一定里程后，汽车的磨损和变形会增加，为了延长汽车的使用寿命和保证行车安全，必须按期进行汽车二级维护。汽车二级维护是汽车维护作业的最高级别。二级维护要求在维护前进行不解体检测诊断，确定附加作业项目，强调对安全部件的检查、调整，同时检查、调整发动机和排气污染控制装置的工况。

2. 汽车二级维护的基本要求

汽车二级维护的目的是消除隐患，恢复车辆性能，尤其是排放和安全性能。所以，二级维护作业应该进行得全面彻底。

（1）汽车二级维护检测诊断。应该全面完成二级维护检测诊断项目，这关系到对该车的技术状况能否真正掌握，关系到二级维护附加作业的确定是否合理、是否到位，关系到汽车潜在的故障能否通过这次维护得到彻底的排除。

（2）汽车维护作业过程检验是控制二级维护作业质量的重要环节。汽车二级维护是否达到预期目的，取决于二级维护的基本作业和附加作业项目是否到位，是否按技术要求完成作业任务。只有加强对维护作业过程的检验，才能对汽车维护质量进行有效控制，以确保汽车二级维护达到应有的目的。

（3）汽车维护竣工出厂检验。维修企业应有明确的、针对具体车型的汽车维护竣工检验技术标准，根据该标准配备相应的检测设备及掌握现代汽车检测诊断技术的质量检验员，这是保证汽车维护质量的关键。

3. 汽车二级维护工艺过程

汽车二级维护是维护制度中规定的最高级别维护，其目的是维持汽车各总成、机构的零件具有良好的工作性能，及时消除故障和隐患，保证汽车动力性、经济性、排放净化性、操纵性及安全性能满足要求，确保汽车在二级维护间隔期内能正常运行。

汽车二级维护首先要进行检测，汽车进厂后，根据汽车技术档案的记录资料（包括车辆运行记录、维修记录、检测记录、总成修理记录等）和驾驶员反映的车辆使用技术状况（包括汽车动力性、异响、转向、制动及燃料和润滑油消耗等）确定所需检测项目，依据检测结果及车辆实际技术状况进行故障诊断，从而确定附加作业项目。附加作业项目确定后，与基本作业项目一并进行二级维护。二级维护过程中要进行过程检验，过程检验项目的技术要求应满足有关的技术标准或规范。二级维修作业完成后，需要经过维修企业进行竣工检验，竣工检验合格的车辆，由维修企业填写《汽车维护竣工出厂合格证》后方可出厂。

四、任 务 实 施

任务1　桑塔纳轿车发动机二级维护基本作业

项目	相 关 图 示	作 业 内 容
润滑系的维护	Haiye 机油滤清器 OIL FILTER 海业 HO-7160	二级维护时，应检查各部位的密封状况，每行驶45 000 km拆洗一次油底壳；在更换滤清器前，视情况，不解体清洗油道；更换机油滤清器后（整体更换式），加入APISE或VWS000改良机油；机油泵工作应良好，集滤器滤网干净、完好、畅通

空气滤清器、恒温进气装置的维护		清洁空气滤清器，每15 000 km更换一次滤芯，安装时要密封良好，卡环锁止可靠；检查恒温进气装置，其真空软管安装可靠，进气转换阀工作灵活、准确；汽车发动机冷车起动后，热空气通道打开，当进气温度大于70℃时，应当关闭
燃料系的维护		检查汽油泵，应无异响和漏油，工作正常；每30 000 km更换一次汽油滤清器滤芯及两端夹箍，安装时应注意滤清器油流方向要正确，接头安装要牢固；检查各部接头，不得破损、漏油；油箱每行驶45 000 km清洗一次
化油器及联动机构的维护	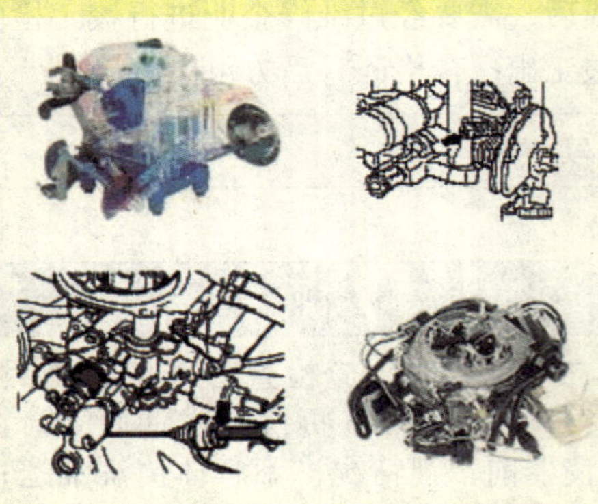	清洁外壳后，拆洗进油滤网，使油路畅通；检查节气门、阻风门，应保证其开闭自如，联动机构灵活，不松旷；垫圈、锁销齐全有效。如需调整怠速，除使发动机处在正常工作状态，温度在60℃以上，阻风门全开，点火装置调整正常外，还要求关掉空调及其他用电设备，拆下曲轴箱通风管。怠速转速值为（800±50）r/min

传动带的维护		传动带应无龟裂和过量磨损，表面无油污。用拇指以约 98 N 力压下传动带，各部挠度为：交流发电机处 12 mm；水泵处 10 mm；转向助力泵处 5 mm。否则，应予调整
冷却系的维护	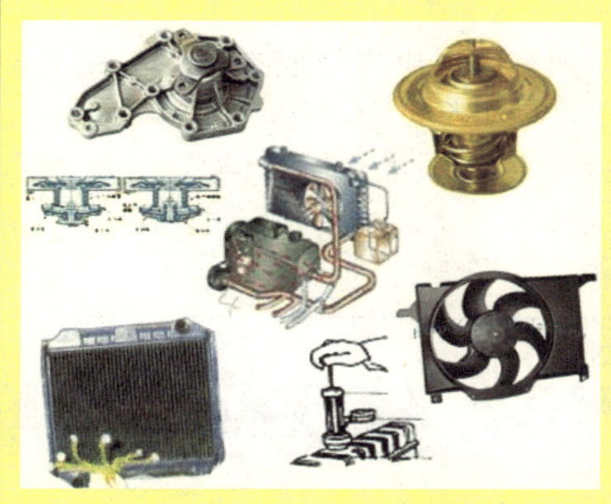	检查水泵，若有漏水、异响应查明原因，确认是水泵损坏引起时，则一般更换水泵总成。蜡式节温器必须定期检查，一般每行驶 50 000 km 检查一次。节温器的工作性能要求：当冷却液温度达到（87 ±2）℃时打开，达到（102 ±3）℃时全开，其升程不小于 7 mm，不能满足性能要求的节温器应更换。对散热器应检查密封性能和散热器盖
点火系的维护	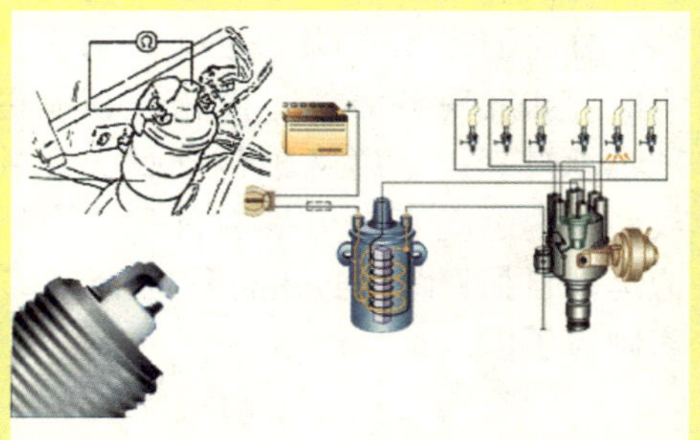	火花塞：电极间隙为 0.7 ~0.9 mm。点火线圈：初级电阻，为 0.52 ~0.76 Ω，次级线圈的电阻，应为 2.4 ~3.5 kΩ，若达不到要求，应更换点火线圈。分电器：破损、烧蚀、漏电等检查。霍尔信号发生器：信号发生器感应灵敏、准确。点火正时：一般不会错乱，也不需调整，如因维护中安装分电器或齿型带断裂造成点火正时错乱，需调校点火正时

配气机构的维护		气门罩盖接合部位密封不良，可更换罩盖衬垫，用10 N·m拧紧力矩紧固螺栓。每行驶30 000 km对正时齿形带检查一次，每100 000 km必须更换正时齿形带，齿形带不得沾水和油污。检查气门液压挺杆的工作情况：发动机以2 500 r/min的转速运转2 min，挺杆不应有异响；挺杆自由行程（下压量）应不小于0.1 mm；若采用液压桶形挺杆，不需要调整气门间隙
排气管、消声器		如有破损应焊补或更换；安装应紧固可靠，垫片齐全

任务2　桑塔纳轿车底盘二级维护的基本作业

项目		相关图示	作业内容
传动系的维护	离合器		检查离合器工作状态，应不打滑、不发抖、分离彻底无异响；分离轴承应灵活无阻滞，如发现卡滞或过度松旷，应更换分离轴承衬套；分离叉轴传动臂无扭曲、裂纹，花键过度磨损可换新件；离合器拉索应运动自如，踏板自由行程为15～25 mm，否则应予以调整

传动系的维护	变速器、主减速和差速器		桑塔纳轿车的变速器换挡机构采用同步器，操作轻便，使用寿命长；变速器只要操作正确，一般不易损坏；变速器维护时只需检查齿轮油液面和油质，油品变质或油量不足时，补充 GL－5 齿轮油。拆检疏通变速器通气孔塞。清洁齿轮箱外部并紧固各部连接螺栓。检查差速器工作情况，要求工作正常、无异响
	驱动轴及万向节	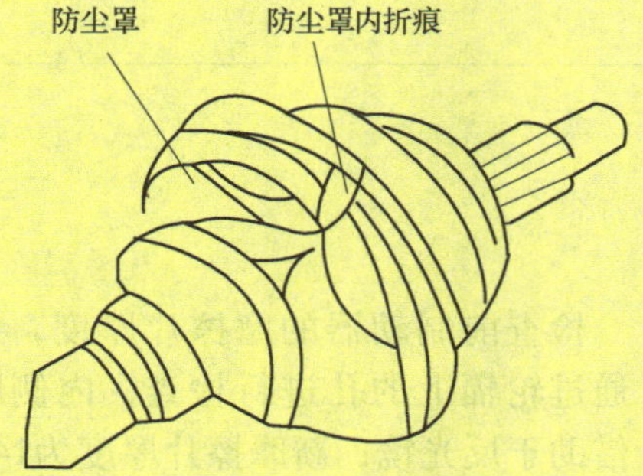	驱动轴防尘罩如有裂纹等损伤则应更换；换用新防尘罩时，不得使防尘罩内产生真空，形成内吸折痕，为此可给防尘罩充气，使得压力平衡，不产生皱褶。卡箍紧固可靠。检查内外万向节的工作状态，万向节应不松旷、运动自如、无异响、无明显卡滞现象，如有损坏需更换总成
转向系的维护	转向盘自由行程	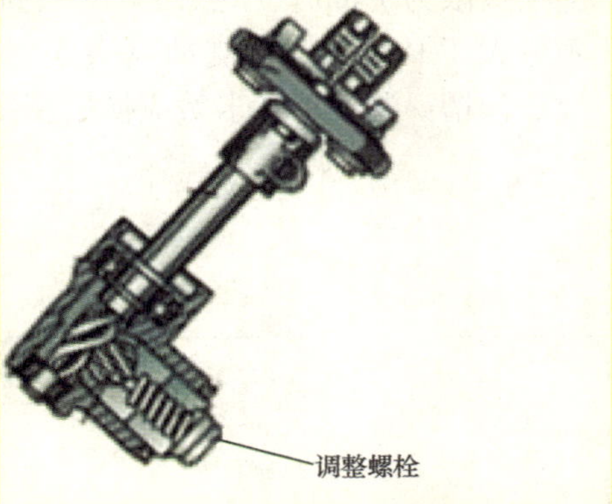	上海桑塔纳 LX 系列轿车的转向系统的各运动副均为无间隙配合，因此转向盘应无自由行程；如发现转向盘存在自由行程，应首先调整转向器齿轮与齿条，调整时，将车辆处于直行位置，松开锁紧螺母，转动调整螺栓到接触止推垫圈挡块为止，拧紧锁紧螺母；如果还有自由行程，则应检查联轴器，球头销等有无明显松旷
	车轮定位	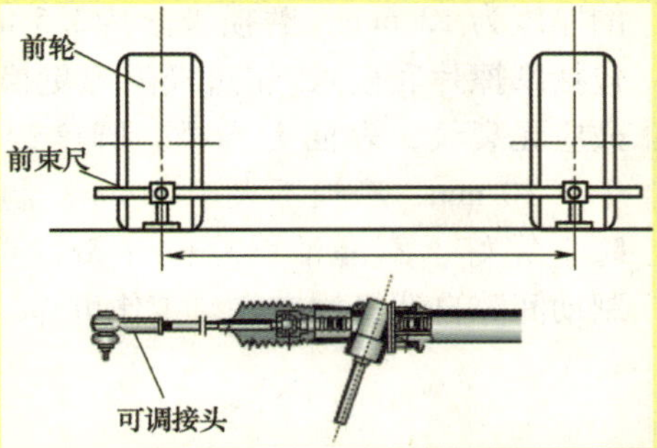	检查车轮定位，调整前束：转向横拉杆共有左右两根，其内端均有带孔的接头，与横拉杆压接成整体，无法调整，横拉杆外侧均为带球头销的可调接头，球头销与转向节臂相连；横拉杆内端接头的孔中心至外端的球头销中心的距离，左横拉杆为（597.6±8）mm，右横拉杆为（553.9±8）mm，在调前束前，应先使左、右横拉杆的旋入或旋出量相等，当将左、右横拉杆长度调至合适后，拧紧锁紧螺母；前轮前束（空载）值为－1～－3 mm

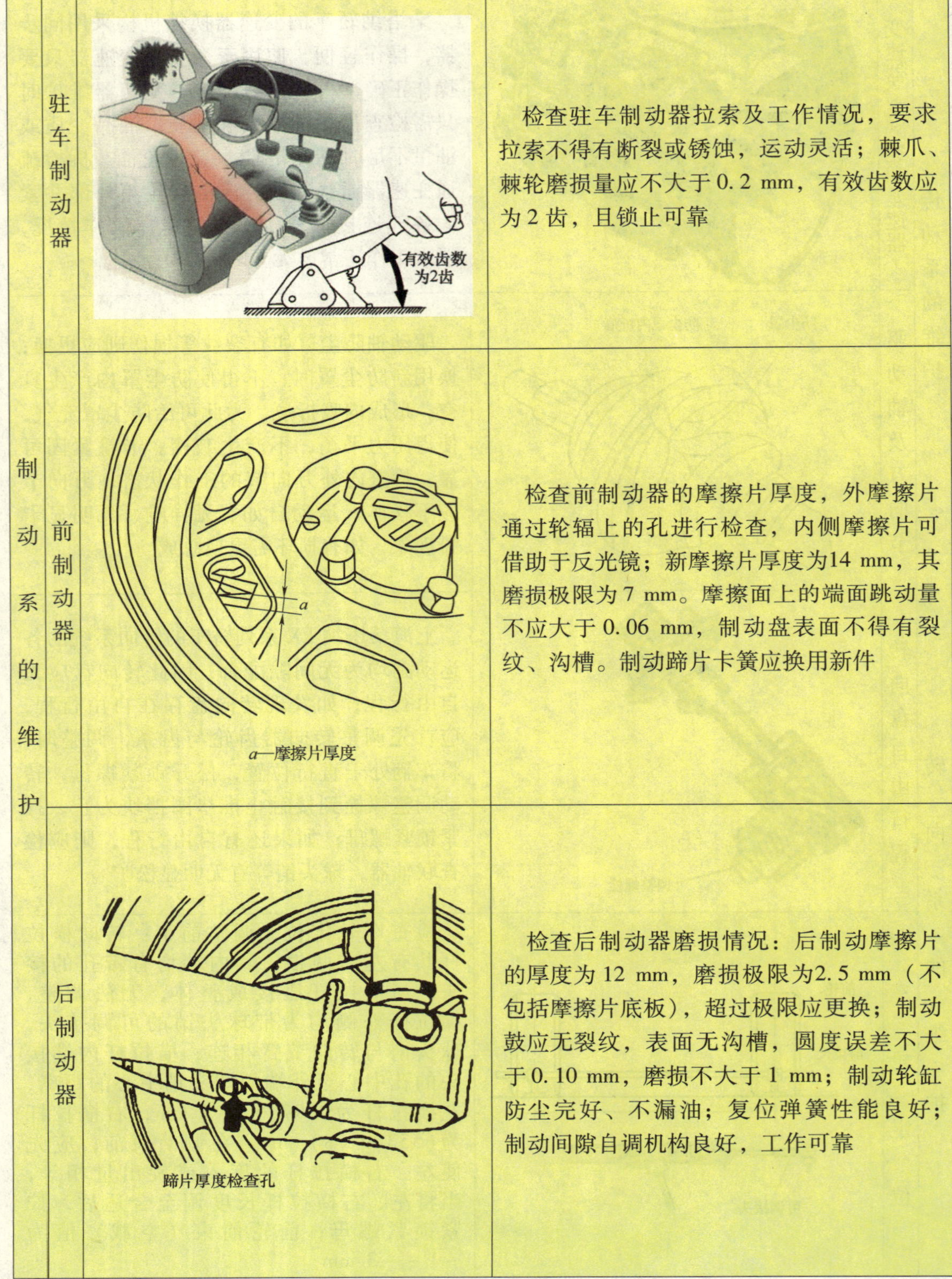

制动系的维护	驻车制动器	（图：有效齿数为2齿）	检查驻车制动器拉索及工作情况，要求拉索不得有断裂或锈蚀，运动灵活；棘爪、棘轮磨损量应不大于0.2 mm，有效齿数应为2齿，且锁止可靠
	前制动器	a—摩擦片厚度	检查前制动器的摩擦片厚度，外摩擦片通过轮辐上的孔进行检查，内侧摩擦片可借助于反光镜；新摩擦片厚度为14 mm，其磨损极限为7 mm。摩擦面上的端面跳动量不应大于0.06 mm，制动盘表面不得有裂纹、沟槽。制动蹄片卡簧应换用新件
	后制动器	蹄片厚度检查孔	检查后制动器磨损情况：后制动摩擦片的厚度为12 mm，磨损极限为2.5 mm（不包括摩擦片底板），超过极限应更换；制动鼓应无裂纹，表面无沟槽，圆度误差不大于0.10 mm，磨损不大于1 mm；制动轮缸防尘完好、不漏油；复位弹簧性能良好；制动间隙自调机构良好，工作可靠

行驶系的维护	前悬架部位	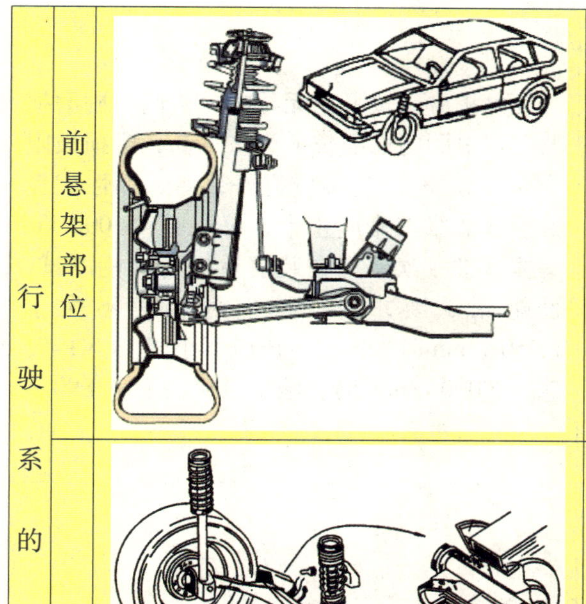	检查减振器：应不漏油；连接的支撑套无凸起或开裂，且紧固可靠；减振作用良好。上下晃动前悬架时，摆臂球形节与制动底板间的距离变化应不小于0.8 mm；下摆臂衬套应完好，且配合不松动
	后悬架部位	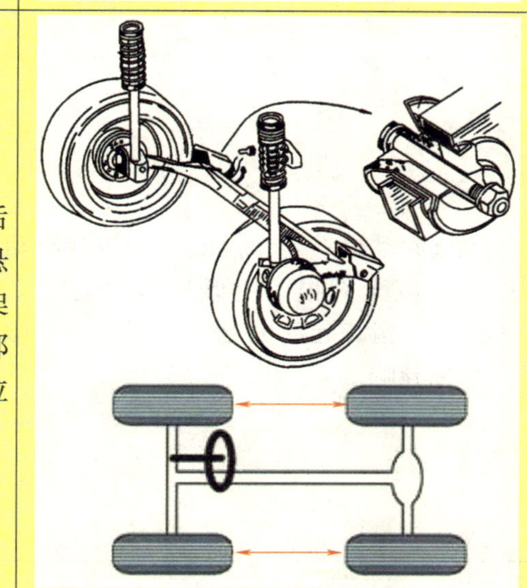	（1）检查减振器，应不漏油，连接紧固，减振阻尼作用良好；悬架弹簧无损坏且定位可靠；后桥与车身连接支座衬套不变形，橡胶无损坏 （2）检查前、后轮毂：轴头无裂纹，螺纹完好，连接可靠；轮毂轴承表面无明显点蚀、损伤；油封应换用新件；装合后，轮毂转动灵活，轴向间隙小于0.1 mm，且无松旷、异响现象 （3）检查车轮：从花纹观察其磨损程度；测定轮胎气压，其值应符合规定；进行轮胎换位

任务3　桑塔纳轿车电器、仪表的二级维护基本作业

项目	相关图示	作业内容
蓄电池的维护	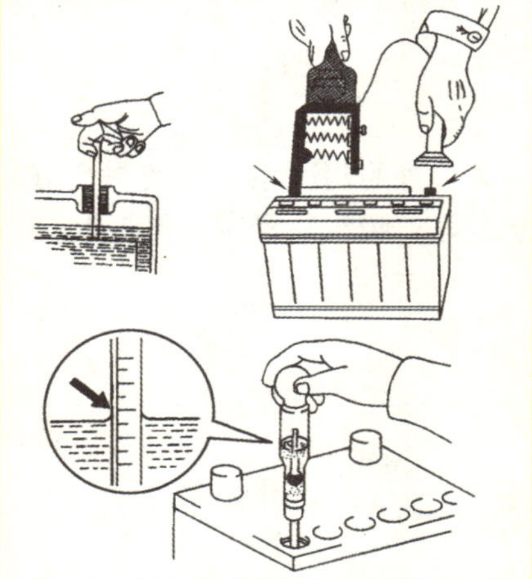	用高率放电计测试（负载电流为110 A），如在5 s内蓄电池端电压低于9.6 V，应予充电

发电机的维护	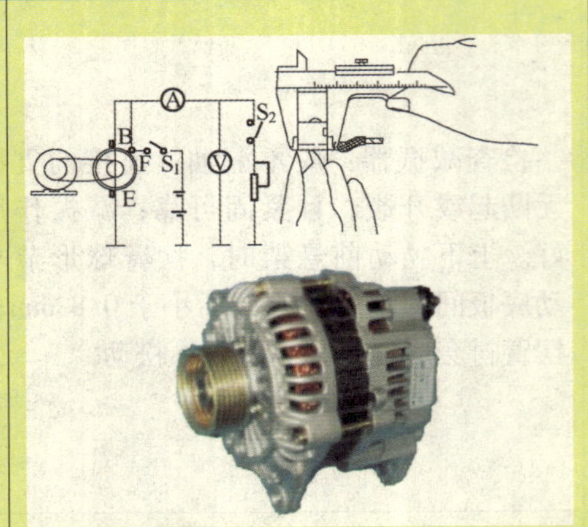	发电机应运转平稳无异响。检测电刷磨损情况：电刷的标准长度为 13 mm，磨损极限为 5 mm。电刷支架应完好，弹簧弹性应良好。调节器工作应正常，每行驶 45 000 km 解体维护一次，并在装复后进行性能测试，性能测试要求如下：空载转速不大于 1 050 r/min时，输出电压应不小于 14 V；转速为 6 000 r/min 时，输出电流应不小于90 A
起动机的维护	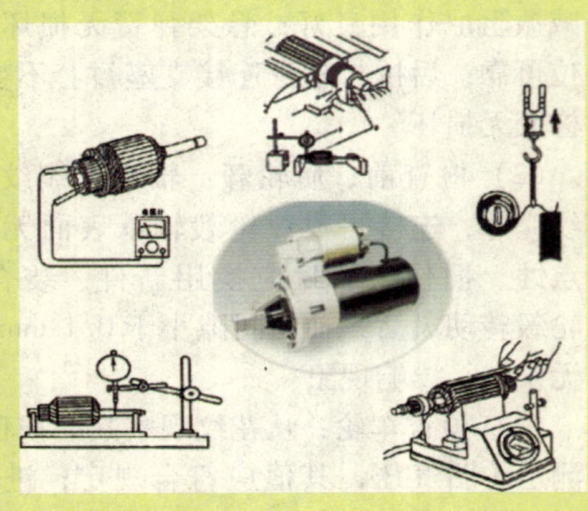	检查起动机外壳、换向器端盖和驱动齿轮端盖，应无裂损、变形；起动机应工作有力、不打滑；起动电磁开关应工作灵敏、可靠，无异响
空调装置的维护	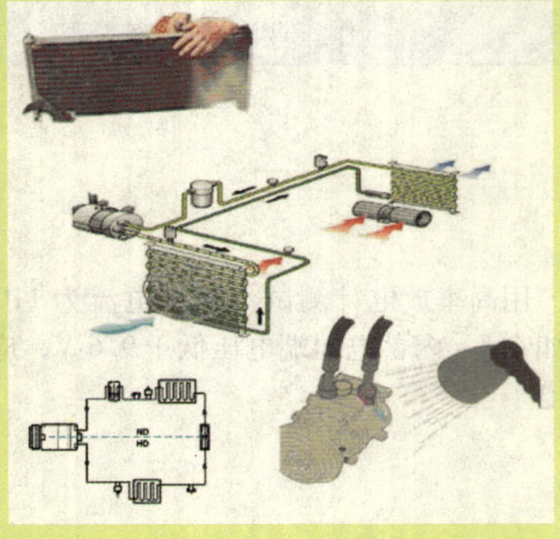	空调装置的制冷系统应密封良好，且制冷效果良好；暖气装置应工作正常

仪表、信号、照明、刮水器、全车线路的维护		（1）刮水器的电动机运转无异响，刮片良好，摆角正确，运动自如 （2）照明设备齐全，满足国家技术规范 （3）仪表、信号装置功能齐全、有效，且指示正确、显示清晰 （4）全车线路整齐，接线牢固，不漏电

任务四　汽车走合维护

一、教学目标

1. 能够进行走合前的常规作业。
2. 能够进行走合期的常规作业。
3. 能够进行走合期结束后的常规作业。

二、工作任务

1. 实施走合前的维护。
2. 实施走合期的维护。
3. 实施走合期结束后的维护。

三、预备知识

为保证汽车的正常使用寿命，新车、大修车以及装用大修发动机的汽车必须进行走合期的磨合，并在走合期结束时进行一次走合维护，其作业项目和深度按汽车生产厂家的要求进行。

走合期间汽车磨合状况的好坏，直接关系到汽车寿命的长短。除了必须按生产厂家的规定驾驶汽车外，做好这个时期的维护工作，同样有利于汽车机件的磨合。因此，要认真对待，不得疏忽。

新车走合期结束时的维护，一般是由生产厂家免费提供服务的。走合期间的维护内容比较简单，在不出现特殊情况下，驾驶员自己可以完成。汽车走合期的里程为 1 500 ~ 3 000 km，维护内容主要是清洁、润滑、紧固等。

四、任务实施

任务1　走合前维护的基本作业

相关图示	作业内容
	清洗汽车，检查各部位的连接及紧固情况
	检查水箱的存水量，并检查冷却系各部位有无漏水现象
	检查发动机、变速器、后桥、转向器内的油面高度，不足时添加，并检查各部位有无漏油现象

	检查制动系的工作是否正常，各管路接头处有无漏油、漏气现象
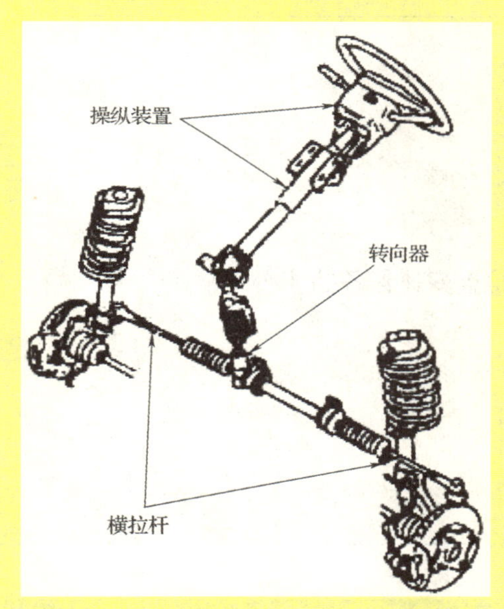	检查转向机构各部位有无松旷和发卡现象
	检查电气设备、灯光和仪表工作是否正常，并检查蓄电池电解液液面高度是否合适

	检查轮胎气压是否符合标准
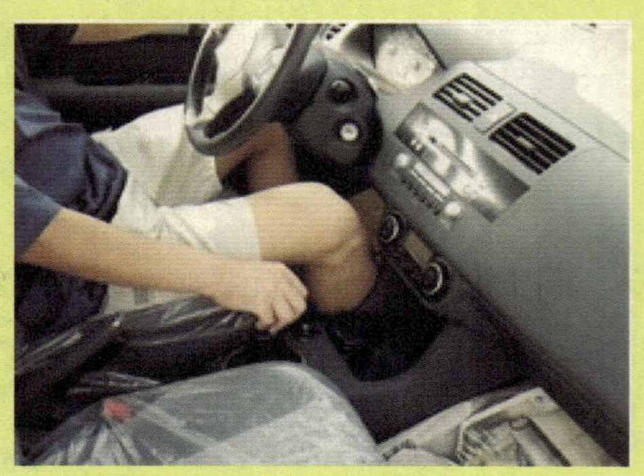	检查变速器各挡能否正常接合

任务2　走合期维护的基本作业

相　关　图　示	作　业　内　容
	应在平坦良好的路面上行驶

	正确驾驶，平稳地接合离合器，根据路况及时换挡，避免突然加速和急剧制动
	限速行驶，各挡位的车速要控制在顶速的3/4范围内，大体为：一挡25 km/h，二挡40 km/h，三挡60 km/h，四挡90 km/h，五挡100 km/h
	载重限制，汽车走合期装载量不能超过额定量的75%

	经常注意变速器、后桥、轮毂及制动鼓的温度，如有严重发热时，应找出原因，予以调整或修理
	应特别注意机油压力和控制发动机冷却水的水温
	新车行驶 150 km 后，需检查一次全车外部螺栓、螺母紧固情况；行驶 500 km 时，则应将前、后轮毂螺母紧固一次，有些国产车还需对缸盖螺栓进行紧固
	走合 500 km 后，应在热车状态更换发动机机油

任务3 走合期结束后的维护

作业内容	注意事项
（1）更换机油，更换机油滤芯 （2）检查、补充发动机冷却液 （3）检查、调整发动机传动带紧度 （4）检查、校正点火正时 （5）检查、调整发动机尾气排放 （6）检查、调整制动系统 （7）检查、调整离合器踏板自由行程 （8）检查、紧固悬挂和转向机构 （9）检查全车各部件泄漏情况并进行排除 （10）润滑各部件铰链 （11）检查轮胎技术状况 （12）检查调整电气系统的技术状态	汽车在走合期结束后，行驶里程为3 000 ~ 4 000 km，其实质是汽车由走合期到使用期的过渡阶段。因此，在这段时期，发动机仍不要以很高的转速运转，车速不宜过快，汽车不要超载，并尽量避免在恶劣路面上行驶

任务五 汽车换季维护

一、教学目标

1. 了解汽车换季维护的作业项目。
2. 能够进行换季时的常规作业。

二、工作任务

1. 实施夏季汽车的换季维护。
2. 实施冬季汽车的换季维护。

三、预备知识

1. 夏季汽车维护的特点

高温季节，因车辆充气系数下降、润滑油容易变质、机器零件易烧损、制动性能变差、驾驶员高温易困、道路行人增多、雨水打滑等原因易造成车辆受损，事故增多。因此，做好夏季车辆的维护，保持车辆的良好性能是一项十分重要的工作。

高温下汽车的车况特点：

（1）润滑油容易变质和烧损。发动机在高温下运转时，润滑油的抗氧化安定性变差，加剧其热分解、氧化和聚合。同时，干燥空气中的灰尘和潮湿空气中的水分通过进气系统和曲轴箱通风口进入发动机油底壳，造成润滑油污染，引起润滑油变质。另外，润滑油通过气缸壁、活塞、活塞环、轴颈等过热区域时，容易蒸发和烧损。

（2）零件磨损加剧。发动机在高温下运转，金属零件受热膨胀较大，零件之间正常配合间隙变小，磨损加剧。除此之外，由于发动机过热，导致润滑油变稀，从而润滑油压力降低，润滑油膜不易形成，这也会加速机件的磨损。

(3) 发动机充气系数下降。高温条件下，因空气密度减小，进入气缸的空气量减少，使充气系数下降，从而导致发动机功率下降，使车辆行驶无力。试验证明，当气温由15℃上升到40℃时，发动机的功率下降6%~8%。

(4) 制动性能变差。高温影响制动蹄片及制动轮鼓，频繁制动后，制动力很快下降。特别是汽车在山区坡陡、道路狭窄等复杂路况条件下行驶时，制动次数增多，制动摩擦片温度会急剧升高，使制动性能变差。

(5) 供油系统产生气阻。供油系统受热后，部分汽油以气体状态存在于油管与汽油泵中，这不仅增大汽油流动阻力，同时由于气体的可压缩性，使汽油泵出油管中的汽油蒸气随着汽油泵脉动压力的不断变化体积发生变化，这样，时间一长就破坏了汽油泵吸油过程中所形成的负压力，造成发动机供油不足或中断，即形成供油系气阻。

(6) 可燃混合气燃烧不正常。随着大气温度的增高，进入气缸的混合气温度也升高，发动机的温度将会更高，使窜入气缸中的润滑油在高温缺氧的情况下产生胶质，易生成积炭。积炭积存于活塞顶部、燃烧室壁、气门顶部和火花塞上，易形成炽热点，引起发动机炽热点火，从而产生自燃或爆燃。

2. 冬季汽车维护的特点

汽车在低温条件下的使用特点是：

(1) 润滑油黏度增高，曲轴转动阻力增大，蓄电池工作能力降低，燃料汽化性能变坏，从而造成发动机起动困难。

(2) 以水为冷却液的汽车，在寒冷季节时，因水温低，增加发动机机件磨损和燃料消耗；每次收车要及时放水，以免冻裂气缸体和散热器。

(3) 如果电解液密度较小，便有冻结的危险。因此，要注意蓄电池的保温，保持蓄电池经常处于良好的充电状态。

(4) 在冬季，橡胶和塑料制品的强度降低。使用中易产生裂纹和发生脆化，受到冲击时易损坏。

(5) 对安全行车有较大影响。寒冷地区冰雪多，行车时易滑溜。刮风下雪时，视野差，驾驶操作困难，制动性能差，有碍行车安全。

四、任务实施

相关系统	换入夏季时的维护	换入冬季时的维护
冷却系	检视百叶窗能否全开，拆除发动机保温罩及起动预热装置，清洗发动机水套、清除散热器水垢，测试节温器性能	检视百叶窗能否全闭，安装发动机保温罩及起动预热装置，测试节温器性能
润滑系	放出发动机及底盘各总成的润滑油，清洗后加注夏季用润滑油（若使用的润滑油可常年使用者，则不必更换）	更换发动机及底盘各总成的润滑油，使用冬季用润滑油（若使用的润滑油可常年使用者，则不必更换）

燃料系	降低化油器浮子室油面高度	清洗燃料系，调整化油器，适当增加主喷管与省油器出油量
充电系	适当降低蓄电池电解液相对密度，校正发电机调节器，适当降低充电电流和电压，清洁触点	适当增大蓄电池电解液相对密度，校正发电机调节器，适当增加充电电流和电压
点火系	适当增大火花塞间隙和断电触点间隙	适当减小火花塞间隙和断电触点间隙，以增强火花强度
行驶系	控制轮胎气压，防止发生爆胎	采取防寒、防冻、防滑等保护措施

课题二 丰田汽车二级维护

本课题将以丰田威驰 VIOS1.3GL 轿车和 COROLLA1.6AT 自动挡车型为教学车辆，介绍其 40 000 km 保养维护的内容和操作要求。

定期维护时，维护人员主要检查、保证车辆安全运行所必需的功能。检查按下述方法进行：工作检查、目视检查、定期更换零件及机油、紧固检查、机油和液位检查。

一、检查内容

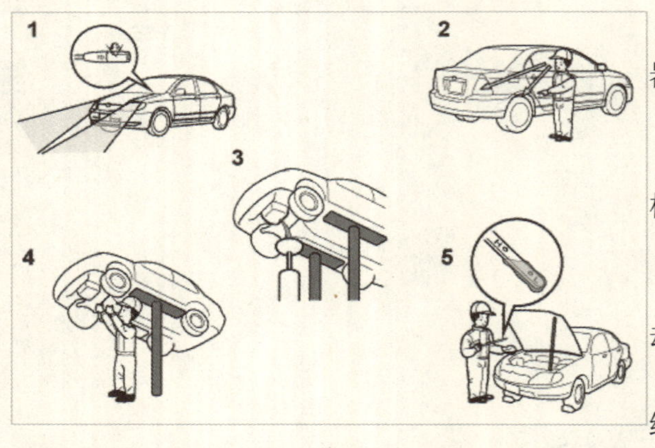

1. 工作检查：灯，发动机，刮水器，转向机构等。

2. 目视检查：轮胎，外观等。

3. 定期更换零件及机油：发动机机油，发动机机油滤清器等。

4. 紧固检查：悬架，排气管等。

5. 机油和液位检查：发动机机油，动力转向液，防冻冷却液，制动液等。

检查后，如果合格，则车辆可以继续使用；如果不合格，则需要根据实际情况进行调整、紧固、添加、更换甚至修理。这些后续的内容有的还是定期维护的内容，需要维护人员继续完成；有的已经属于修理的内容，需要交由修理人员完成。

二、工作效率

为提高工作效率，对维护人员的动作路线进行了设计。

主要通过缩短行程距离，减少走动次数，减少不合理的工作地点，减少举升操作的次数，限制空闲时间来提高工作效率。

1. 缩短车辆周围的工作路径

(1)将尽可能多的工作集中在同一地点，并一次完成。

(2)车辆周围的运动路线应该始于驾驶员的座位，终于维护人员围绕车辆工作一次的结束地点。

(3)工具、仪器和更换零部件应该提前准备好，并置于易于拿取的地方。

2. 改善工作时的姿势

站式的姿势是操作的基础，要尽可能地减少蹲式或弯腰的姿势。

3. 限制空闲时间

把事情组合起来做，比如在机油排放和发动机加热期间，可以同时完成其他工作。

4. 减少举升次数

通过减少工作时的位置变化，集中要做的工作并把工作项目分类，这样，能在相同位置做的工作就可以在相同的时间内做。

三、顶起位置说明

操作过程，维护人员可以按照以下九个顶起位置进行操作。这九个位置可以使维护人员完成全部操作，并减少举升车辆的次数，提高工作效率。

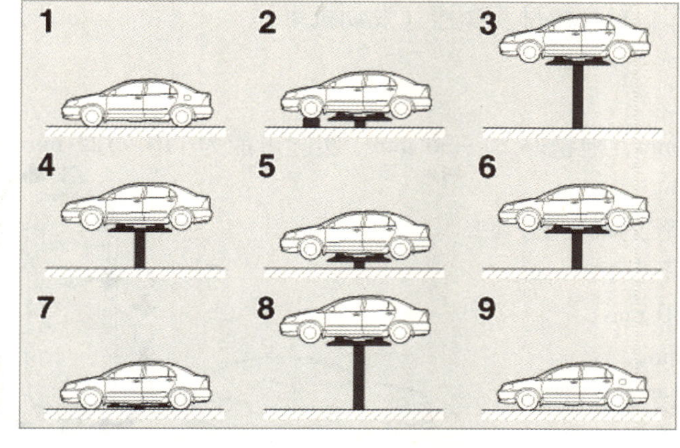

顶起位置 1（举升器未升起）
顶起位置 2（举升器升至低位）
顶起位置 3（举升器升至高位）
顶起位置 4（举升器升至中位）
顶起位置 5（举升器升至低位）
顶起位置 6（举升器升至中位）
顶起位置 7（举升器降至低位，轮胎触及地面）
顶起位置 8（举升器升至高位）
顶起位置 9（举升器未升起）
最后进行道路测试

任务一 车辆顶起位置 1 的维护

一、教学目标

1. 熟悉车辆维护的预检工作。
2. 掌握各种灯光检查的流程和操作方法。
3. 能够进行风窗玻璃刮水器的检查。
4. 掌握制动器和驻车制动器的检查和调整方法。
5. 熟悉转向盘和喇叭的检查方法。
6. 熟练掌握备用轮胎的检查方法。
7. 掌握车门和门控灯的检查方法。
8. 掌握前、后悬架的检查方法。
9. 掌握座椅和座椅安全带的检查方法。

二、工作任务

1. 任务描述

举升器未升起，车辆放置在举升位上。从检查驾驶员座椅开始，将车辆四周彻底检查一遍。

检查的项目依次是：

(1)驾驶员座椅检查。包括：车灯、风窗玻璃喷洗器、风窗玻璃刮水器、喇叭、驻车制动器、制动器、离合器、转向盘、举升汽车前的外部检测准备。

(2)驾驶员门（左侧前门）检查。包括：门控灯开关、车身螺母及螺栓（门、座椅和座椅安全带）。

(3)左侧后门检查。包括：门控灯开关、车身螺母及螺栓（门、座椅和座椅安全带）。

(4)燃油箱盖检查。

(5)后部检查。包括：悬架、车灯、车身螺母及螺栓（行李箱门）、备用轮胎。

(6)右侧后门检查。包括：门控灯开关、车身螺母及螺栓（门、座椅和座椅安全带）。

(7)右侧前门检查。包括：门控灯开关、车身螺母及螺栓（门、座椅和座椅安全带）。

(8)前部检查。包括：悬架、车灯、车身螺母及螺栓（发动机罩）。

2. 技术标准与规范

(1)驻车制动杆行程 6 ~ 9 响。

(2)制动踏板高度 145.8 ~ 155.8 mm，地毯厚 20 ~ 30 mm，实际可能为 110 ~ 125 mm。

(3)制动器踏板自由行程 1 ~ 6 mm。

(4)制动助力器工作情况，在 294 N 的踏力下，制动踏板离地面高度不小于 85 mm，实际不小于60 mm。

(5)转向盘自由行程最大不超过 30 mm。

(6)轮胎胎面沟槽深度大于 1.6 mm。

(7)轮胎气压 220 kPa。备胎气压大于 220 kPa。

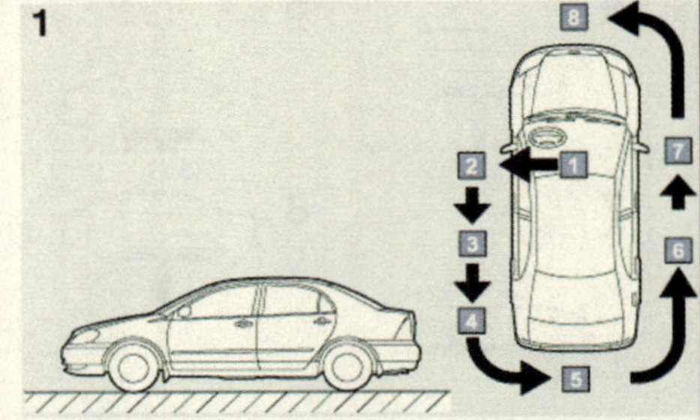

3. 实训器材

序号	名称	规格	数量
1	丰田卡罗拉 1.6AT 轿车或威驰轿车	1.6AT	1 辆
2	剪式举升机	剪式	1 台
3	车轮挡块		4 个
4	地板垫、座椅套、转向盘套		1 套
5	翼子板布、前格栅布		1 套
6	废气抽排装置		1 个
7	工作台		1 张
8	钢尺		1 把
9	深度尺		1 把
10	胎压表		1 个
11	密度计		1 个
12	万用表		1 台
13	清洁用抹布		若干
14	常用工具和量具		1 套

三、任务实施

任务1　预检

项目	相关图示	作业内容
放置车轮挡块		(1)车轮挡块可放置在任意车轮的前后 (2)车轮挡块要与轮胎外边沿平齐 提示： 在放置车轮挡块时，车轮挡块不能撞击轮胎或轮毂，以免对车轮造成损伤
放上转向盘罩		双手操作安装转向盘套；转向盘套应完全罩住转向盘 提示： (1)注意转向盘套要将转向盘完全罩住 (2)在安装的过程中不要撕裂转向盘套
放上地板垫		(1)地板垫放置要平整，不允许歪斜 (2)地板垫上的品牌标识和单位名称正向应朝向车辆前方 提示： 在放置地板垫时，手中的其他物品如座椅套、转向盘套等不允许放在驾驶员座椅、乘员座椅、仪表台等部位

放上座椅套	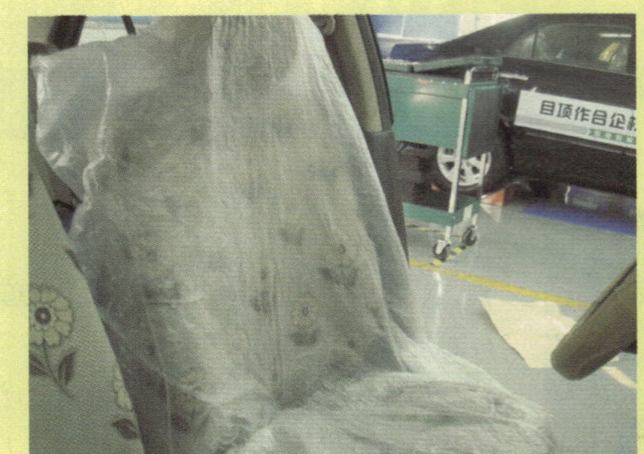	双手安装座椅套；座椅套应将座椅全部罩住 提示： 对于塑料布类的座椅套，防止在安装的过程中撕裂（破）
拉起发动机舱盖释放杆	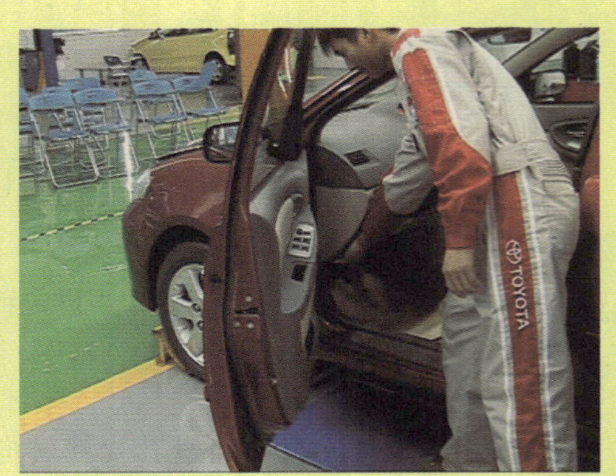	操作时，用右手四指向外拉动发动机舱盖释放拉手。防止用力过猛将拉手损坏 提示： 发动机舱盖释放拉手位于仪表台左下侧，释放拉手上有图标指示
打开发动机舱盖		(1)用右手四指向右拨动发动机舱盖挂钩，双手向上掀开发动机舱盖到一定角度 (2)一只手支撑住发动机舱盖，另一只手拉起发动机舱盖支撑杆，并将发动机舱盖支撑杆可靠放入发动机舱盖上的支撑孔位 提示： 发动机舱盖上有两个发动机舱盖支撑杆支撑孔位，可根据操作者的实际情况选择其中一个支撑孔位

<table>
<tr><td>放上翼子板布和前格栅布</td><td></td><td>(1)翼子板布要有效遮挡车身部位
(2)有品牌标识和企业名称的一面朝外
(3)放置翼子板布和前格栅布的目的是防止作业人员衣物上的硬物品或其他物件划伤车身漆面
(4)翼子板布有长方形和带分叉形两种
(5)翼子板布和前格栅布内部有磁铁，可以牢靠地吸附在车辆上</td></tr>
</table>

任务 2 对发动机室进行检查

项目	相关图示	作业内容
检查		(1)冷却液 (2)发动机机油 (3)制动液 (4)喷洗液 (5)拆卸机油加注口盖（以便排放发动机机油）
确认散热器、储液罐内有冷却液	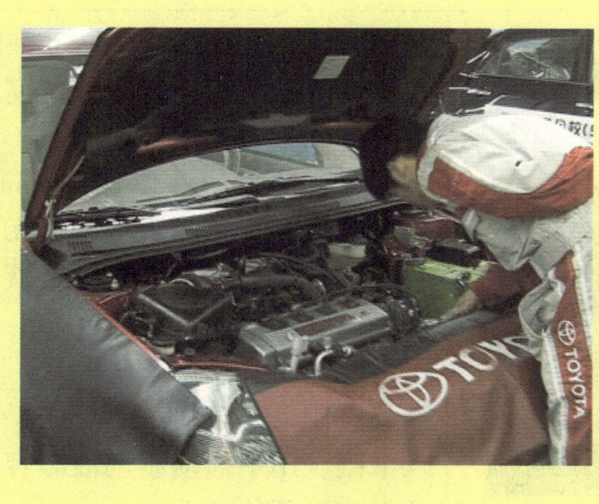	(1)借助手电，观察冷却液罐，察看冷却液位是否在规定液位高度范围内（FULL 与 LOW 之间） (2)如果冷却液位低于 LOW 标记，察看冷却液管路是否泄漏，无泄漏的情况下，添加冷却液至规定液位高度范围内 安全警告： 冷却液位过低会导致发动机散热不良，甚至开锅，严重的情况下会导致发动机损坏

<table>
<tr>
<td rowspan="2">用油标尺检查发动机机油液位</td>
<td></td>
<td>(1)抽出机油标尺，用抹布擦拭机油标尺上的机油
(2)完全插入机油标尺，停留片刻
(3)再次抽出机油标尺，在机油标尺处于抽出状态下察看机油液位是否处于上下刻度之间，并察看机油品质(是否变质、乳化、含有磨屑)。如果机油液位低于下刻线，一定要查明原因，并及时添加机油到规定液位</td>
</tr>
<tr>
<td></td>
<td>如果机油液位高于上刻线，一定要查明原因并放出多余的机油；如果机油变质、乳化要查明原因，排除故障后更换符合车辆要求的机油；如果机油中含有磨屑，应查明原因并排除故障
(4)插回机油标尺，并可靠锁止
安全警告：
发动机起动前必须检查发动机机油液位，以确保机油数量充足，否则发动机容易损坏</td>
</tr>
<tr>
<td>检查制动总泵的储液罐内的制动液</td>
<td></td>
<td>(1)借助手电，观察制动液罐，察看制动液位是否在规定液位高度范围内（max 与 min 之间）
(2)如果制动液位低于 min 标记，察看制动液管路是否泄漏，无泄漏的情况下，添加制动液至规定液位高度范围内
提示：
检查制动液位时，不可用手摇动制动液罐，用手摇动制动液罐容易导致相关连接部位松动</td>
</tr>
</table>

用液位尺检查喷洗液的液位		一般采用目视的方法。如果不足，则应添加至规定液位
拆卸机油加注口盖	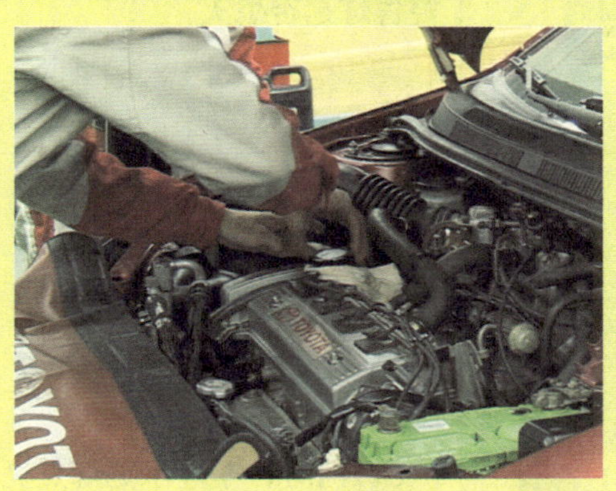	逆时针方向旋松机油加注口盖，不要取下，旋松即可 提示： （1）机油加注口盖不取下，旋松即可，防止异物掉入机油加注口 （2）如果取下机油加注口盖，则必须用干净的不掉屑的布盖住机油加注口，防止异物掉入

任务3 灯光检查

操作时，将点火开关旋至ON后，检查车辆的灯是否正常发光或闪烁。用镜子检查车外的灯，或两人协作（一人在车内，一人在车外）检查。对于不能点亮的车灯，应进一步检查、更换或修理。

项目	相关图示	作业内容
示宽灯、牌照灯、尾灯、仪表板灯的检查		（1）将灯光控制开关旋动一挡，然后检查上述车灯是否亮起
		（2）车外检查人员一边检查车灯，一边打手势，将检查结果告知车内操作人员

<table>
<tr>
<td rowspan="3">示宽灯、牌照灯、尾灯、仪表板灯的检查</td>
<td>
</td>
<td>(3)将点火开关旋至 ON 后，仪表板灯应点亮
提示：
组合仪表警告灯检查：将点火开关转到 ON，检查所有的警告灯（放电警告灯、故障指示灯、油压警告灯）是否点亮。检查发动机起动后所有的警告灯是否熄灭</td>
</tr>
<tr>
<td>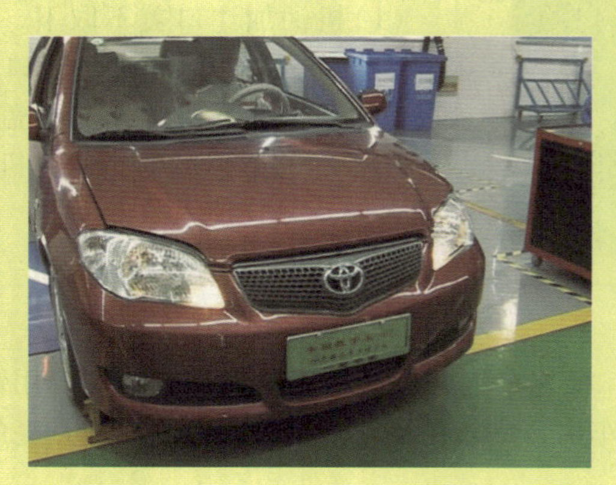</td>
<td>(4)同时，车外示宽灯点亮</td>
</tr>
<tr>
<td>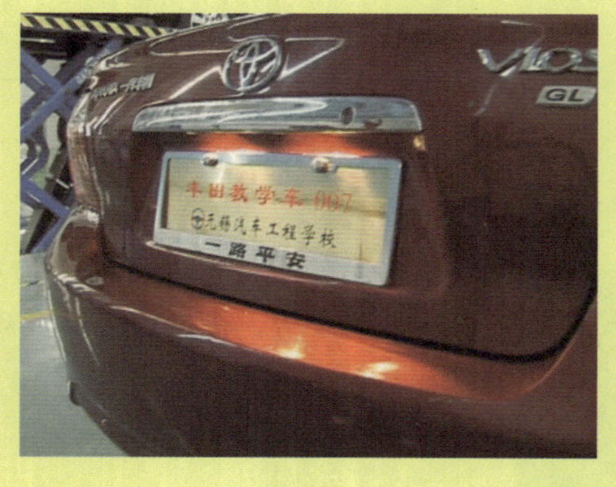
</td>
<td>(5)同时，牌照灯、尾灯点亮</td>
</tr>
</table>

<table>
<tr><td rowspan="2">大灯（近光灯）的检查</td><td>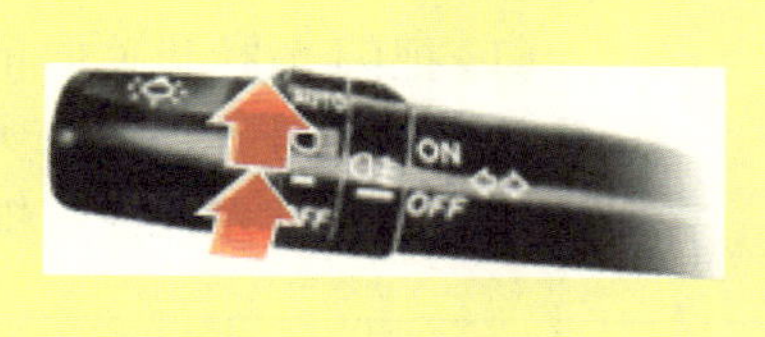
</td><td>(1)将灯光控制开关旋转两挡后，检查大灯（近光灯）是否发光</td></tr>
<tr><td></td><td>(2)大灯（近光灯）点亮</td></tr>
<tr><td rowspan="2">大灯（远光灯）和指示灯的检查</td><td>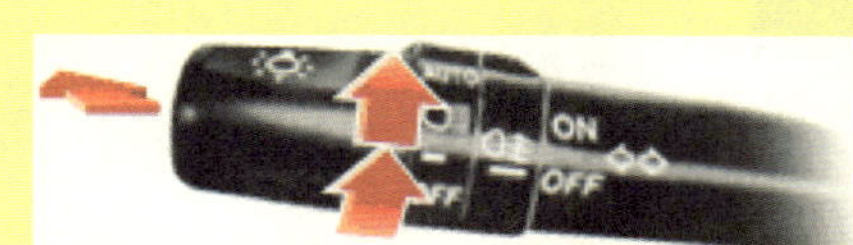
</td><td>(1)将变光器开关推开，检查大灯（远光灯）是否发光</td></tr>
<tr><td></td><td>(2)大灯（远光灯）点亮</td></tr>
</table>

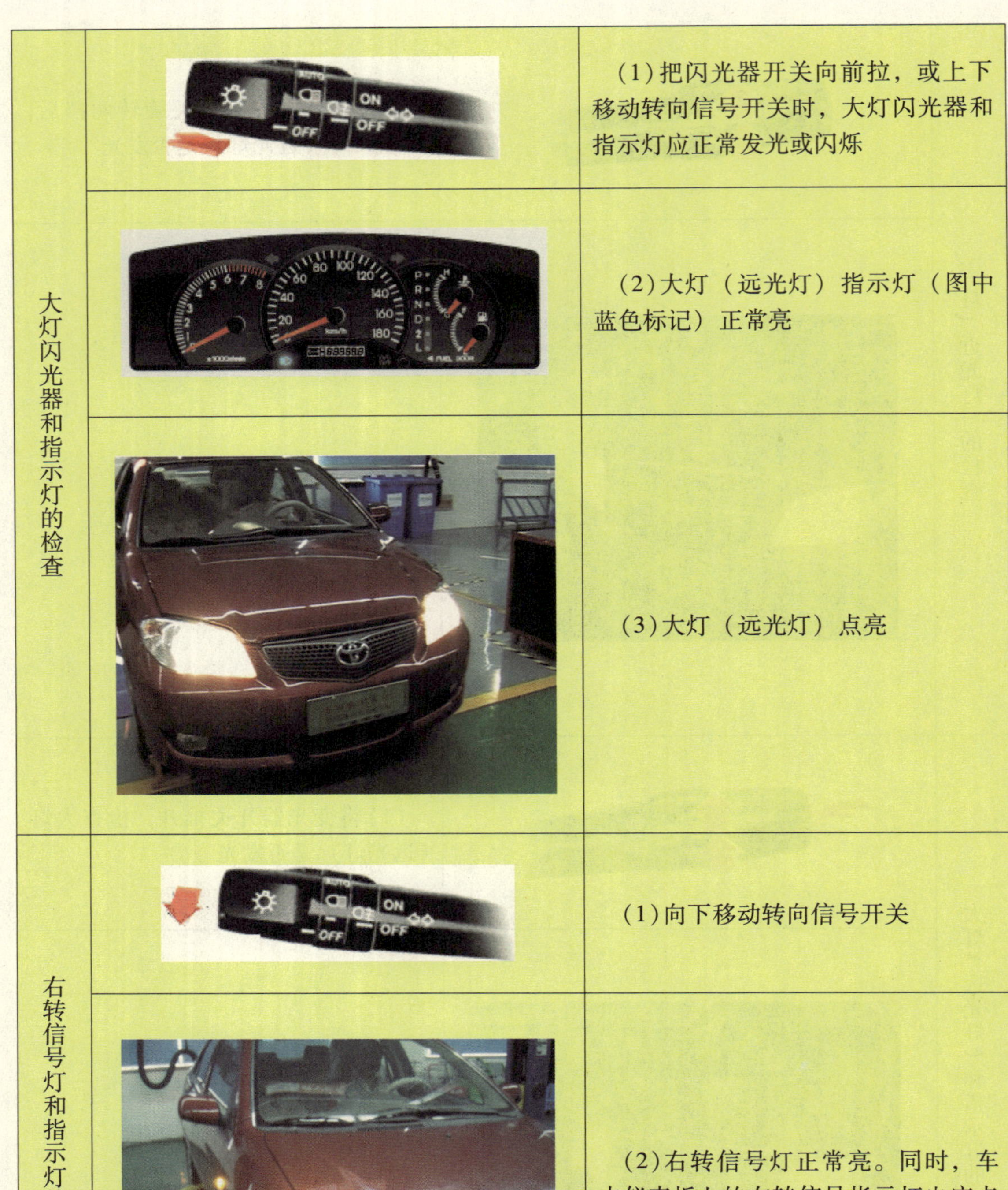

大灯闪光器和指示灯的检查		(1)把闪光器开关向前拉，或上下移动转向信号开关时，大灯闪光器和指示灯应正常发光或闪烁
		(2)大灯（远光灯）指示灯（图中蓝色标记）正常亮
		(3)大灯（远光灯）点亮
右转信号灯和指示灯的检查		(1)向下移动转向信号开关
		(2)右转信号灯正常亮。同时，车内仪表板上的右转信号指示灯也应点亮

右转信号灯和指示灯的检查		（3）检查转向开关自动返回功能。转动转向盘，听到“吧嗒”声，转向灯自动熄灭，说明回位功能正常
左转信号灯和指示灯的检查	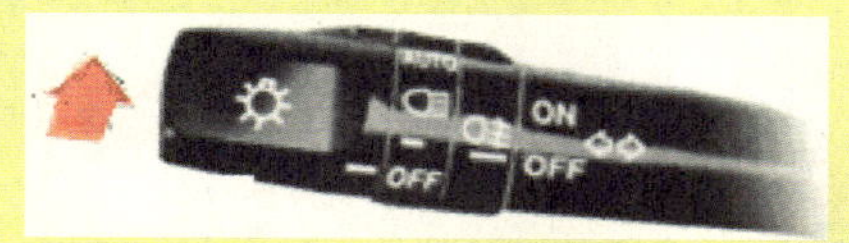	（1）向上移动转向信号开关
		（2）左转信号灯正常亮。同时，车内仪表板上的左转信号灯指示灯也应点亮 检查转向开关自动返回功能，方法同右转信号灯
危险警告灯和指示灯的检查		（1）按下危险警告灯开关

危险警告灯和指示灯的检查		(2)车外危险警告灯点亮
制动灯（尾灯）的检查	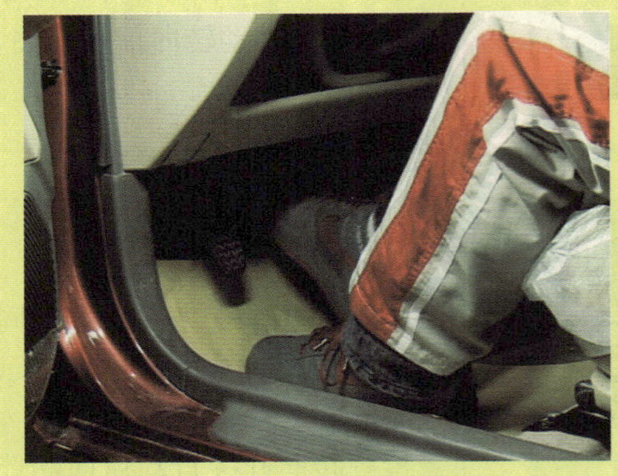	(1)踩制动踏板
		(2)制动灯（尾灯）点亮

<table>
<tr><td rowspan="2">倒车灯的检查</td><td></td><td>(1) 踩制动踏板（或踩离合器），挂入倒挡（R 挡）</td></tr>
<tr><td></td><td>(2) 车外倒车灯点亮</td></tr>
<tr><td rowspan="2">顶灯的检查</td><td></td><td>(1) 打开顶灯开关到“ON”</td></tr>
<tr><td></td><td>(2) 顶灯点亮</td></tr>
</table>

任务4 风窗玻璃喷洗器和刮水器的检查		
项目	相关图示	作业内容
检查风窗玻璃喷洗器		(1)起动发动机 (2)打开喷洗器开关 (3)检查风窗玻璃喷洗器喷洒压力是否足够。如果车辆配备有风窗玻璃喷洗联动刮水器功能，检查刮水器是否协同工作 (4)检查喷洗器喷洒区是否集中在刮水器工作范围内，必要时调整 如果刮水器开动时无喷洗液喷出，电动机有可能被烧坏
风窗玻璃喷洗器喷射位置调整	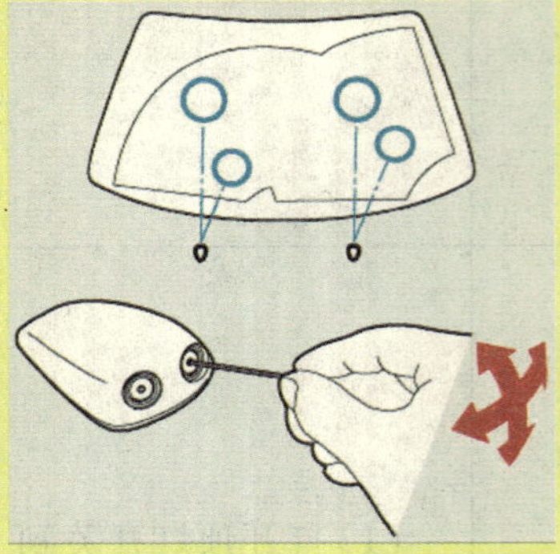	在喷嘴内插入一根与风窗玻璃喷洗器喷嘴的孔相匹配的钢丝，以便调整喷洒的方向。对准喷嘴以便喷洗器喷射位置大约落在刮水器刮水范围的中间
检查风窗玻璃刮水器	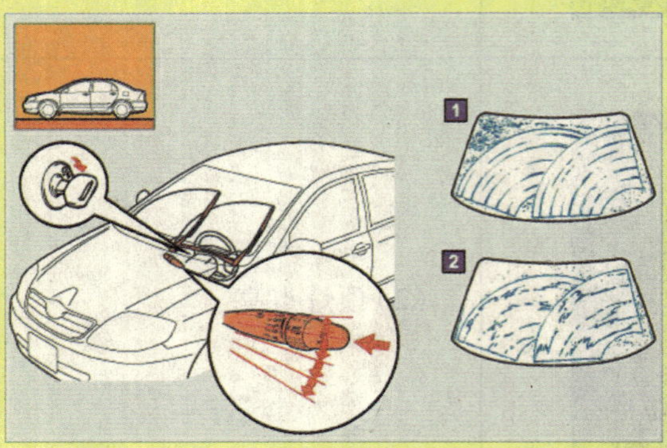 1 2	(1)打开刮水器开关，检查每一只刮水器是否正常工作 (2)分别检查：Lo 慢挡；Hi 快挡；间歇功能（刮水器低速间歇式工作，对于一些型号的刮水器其工作间隙可以调节）；去雾功能（把开关转到“雾”位置，刮水器工作） 任何一个挡位若有问题，都应及时修理

<table>
<tr><td>检查风窗玻璃刮水器</td><td></td><td>(3)刮水状况的检查
喷洒喷洗液，检查刮水器是否产生以下问题：
1） 条纹式的刮水痕迹
2） 刮水效果不好
如果产生，则更换雨刮片
(4)停止位置工作状况的检查
检查当刮水器开关关闭时刮水器是否自动停止在其应停止的位置上。如有异常情况，应及时修理</td></tr>
</table>

任务 5 检查转向盘和喇叭

项目	相关图示	作业内容
转向盘自由行程的检查		通过将点火开关转动到 ACC 处，保持转向盘不锁定和可自由移动。在配备动力转向系统的车辆上，起动发动机，使车辆笔直向前。轻轻移动转向盘，在车轮就要开始移动时，使用一把直尺测量转向盘的移动量（自由行程） 自由行程最大不超过 30 mm，否则需修理
转向盘松动和摆动的检查		用两手握住转向盘，轴向地、垂直地或者向两侧移动转向盘，确保其没有松动或者摆动 如有异常，应及时修理 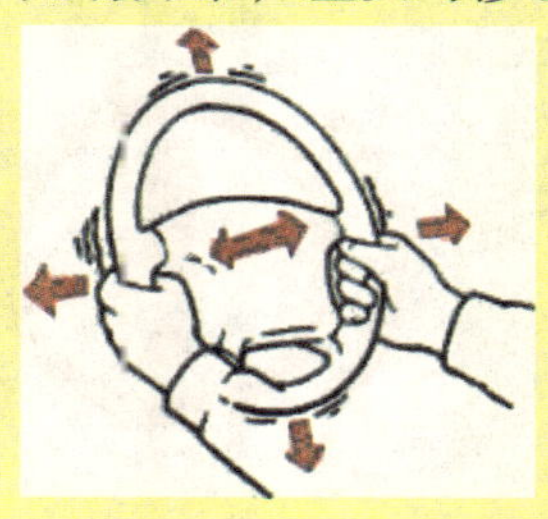

检查喇叭		一手转动转向盘，一手按下喇叭。在转向盘转动一周的同时，检查喇叭是否发声，音量和音调是否稳定 如有异常，应及时修理

任务6　制动器、驻车制动器检查和调整

项目	相关图示	作业内容
驻车制动杆行程的检查	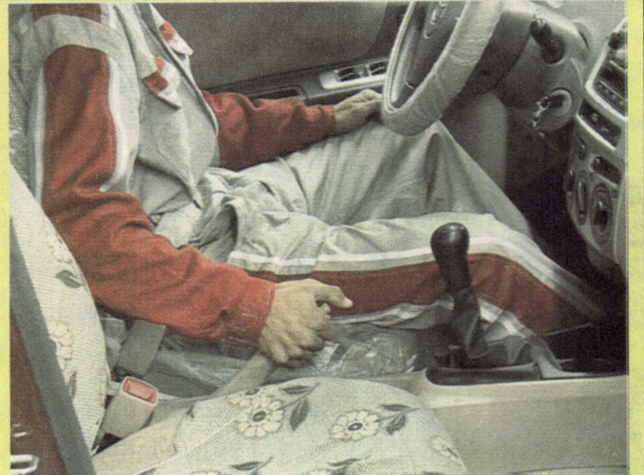	检查并确保驻车制动杆拉动时，驻车制动杆行程在预定的槽数内（拉动时可以听到咔嗒声），一般为6～9响。如果不符合标准，调整驻车制动杆的行程
驻车制动杆行程调整	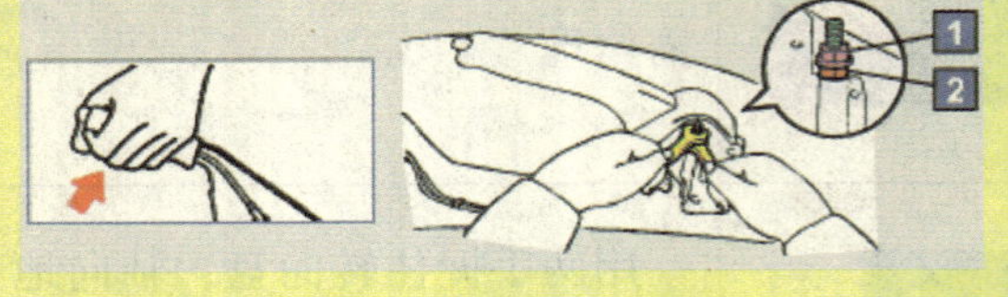 1锁止螺母　2调整螺母	调整驻车制动杆（或者踏板）行程之前，确保驻车制动蹄片间隙已调整好 (1)松开锁止螺母 (2)转动调整螺母或者调整六角螺栓，直到驻车制动杆或者踏板行程符合标准 (3)上紧锁止螺母
指示灯的工作情况的检查		在点火开关位于ON的条件下，当驻车制动杆到达第一个槽口前，指示灯应该发光

制动踏板状况检查	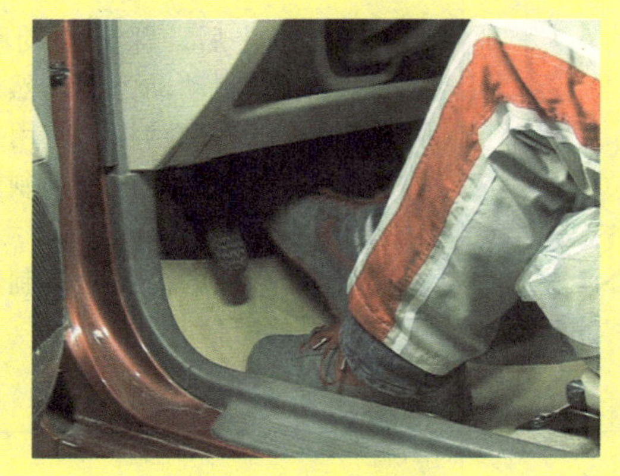	通过检查，确保制动踏板没有下述任何故障：反应灵敏度差；踏板不完全落下；异常噪声；过度松动 如有异常，应及时修理
制动踏板高度检查	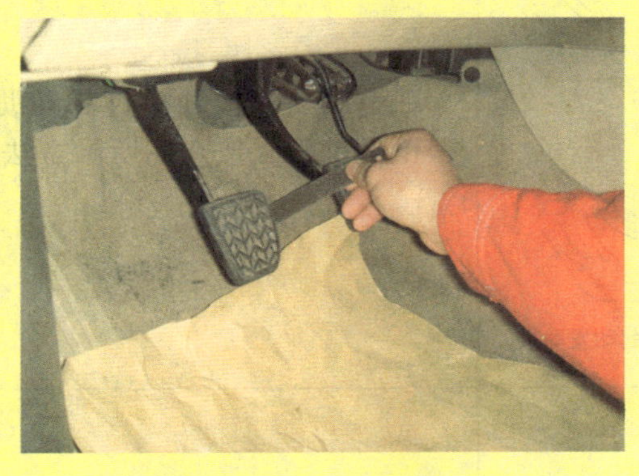	用一把直尺测量制动踏板高度。如果超出规定范围，应调整踏板高度 制动踏板高度 145.8 ~ 155.8 mm。地毯厚 20 ~ 30 mm。实际可能为 110 ~ 125 mm
制动踏板高度调整	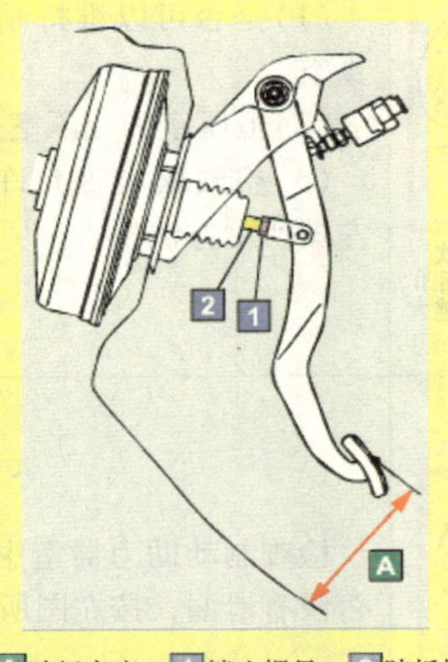 A 踏板高度 1 锁止螺母 2 踏板推杆	(1)松开锁止螺母 (2)转动踏板推杆直到踏板高度正确 (3)上紧锁止螺母 (4)调整好踏板高度之后，检查踏板自由行程

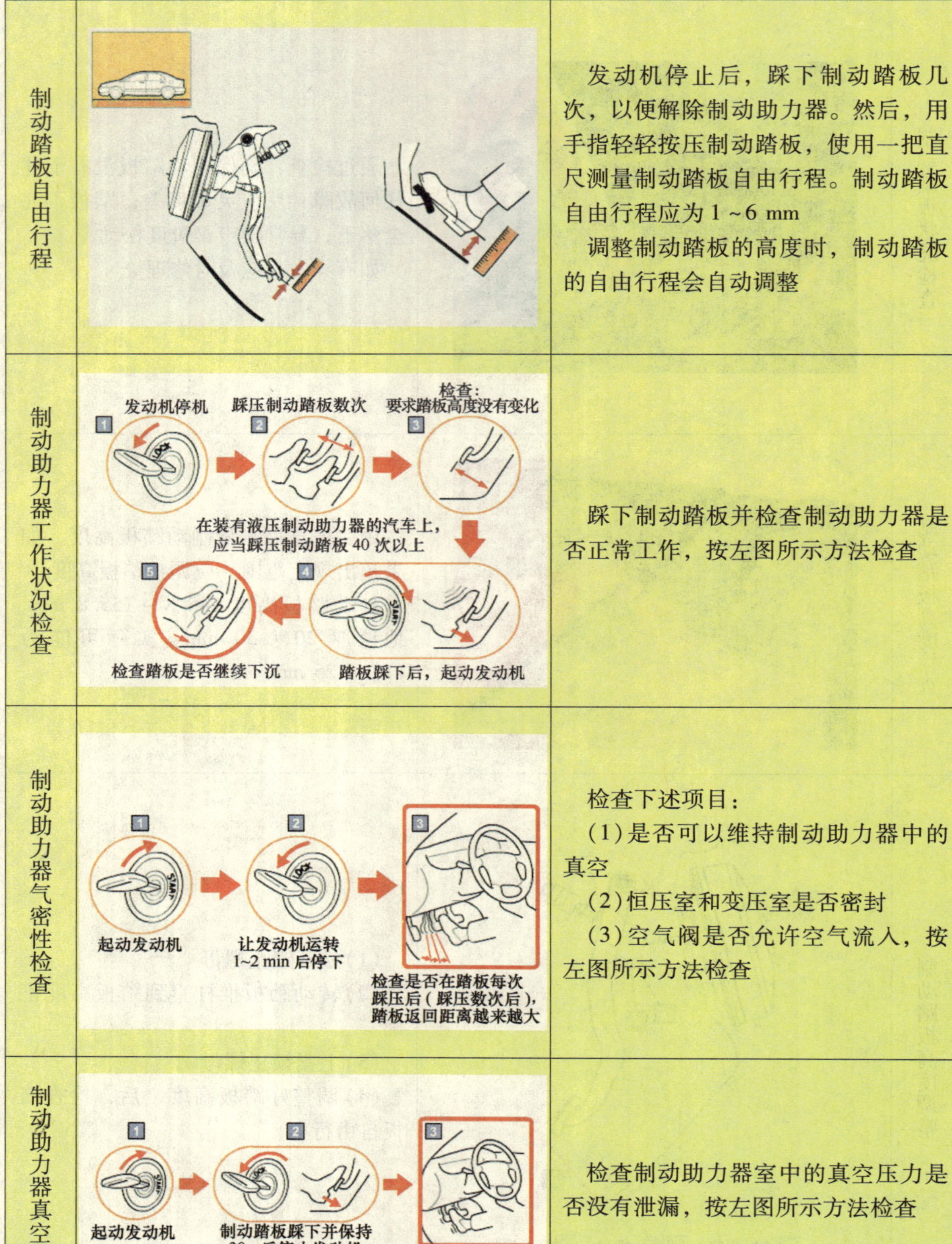

制动踏板自由行程		发动机停止后，踩下制动踏板几次，以便解除制动助力器。然后，用手指轻轻按压制动踏板，使用一把直尺测量制动踏板自由行程。制动踏板自由行程应为 1 ~ 6 mm 调整制动踏板的高度时，制动踏板的自由行程会自动调整
制动助力器工作状况检查	1 发动机停机 2 踩压制动踏板数次 3 检查：要求踏板高度没有变化 在装有液压制动助力器的汽车上，应当踩压制动踏板 40 次以上 4 踏板踩下后，起动发动机 5 检查踏板是否继续下沉	踩下制动踏板并检查制动助力器是否正常工作，按左图所示方法检查
制动助力器气密性检查	1 起动发动机 2 让发动机运转 1~2 min 后停下 3 检查是否在踏板每次踩压后（踩压数次后），踏板返回距离越来越大	检查下述项目： (1)是否可以维持制动助力器中的真空 (2)恒压室和变压室是否密封 (3)空气阀是否允许空气流入，按左图所示方法检查
制动助力器真空检查	1 起动发动机 2 制动踏板踩下并保持 30 s 后停止发动机 3 检查：要求踏板高度没有变化	检查制动助力器室中的真空压力是否没有泄漏，按左图所示方法检查

任务7 检查离合器（手动挡车辆）

项目	相关图示	作业内容
总泵液体渗漏检查		检查离合器总泵，确保液体不渗漏到总泵室中 如有渗漏，应及时修理
踏板工作状况检查	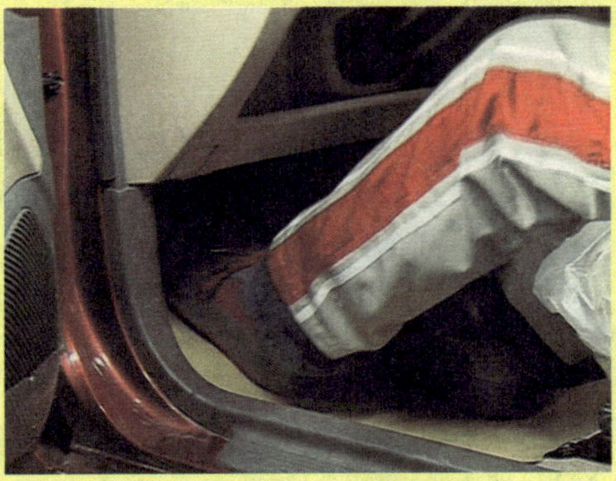	踩下离合器踏板时，应该不存在下述故障：踏板回弹无力，异常噪声，踏板过度松动，感觉踏板重 如有异常，应及时修理
离合器踏板高度检查	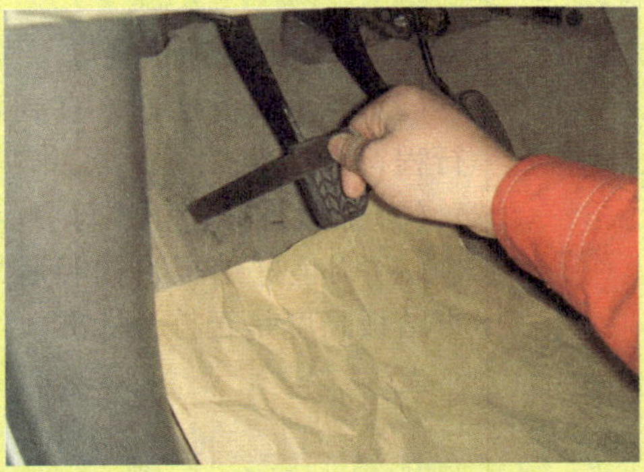	用一把直尺测量离合器踏板高度是否处于 131.6～141.6 mm 之间 如果超出标准范围，调整踏板高度

踏板自由行程的检查	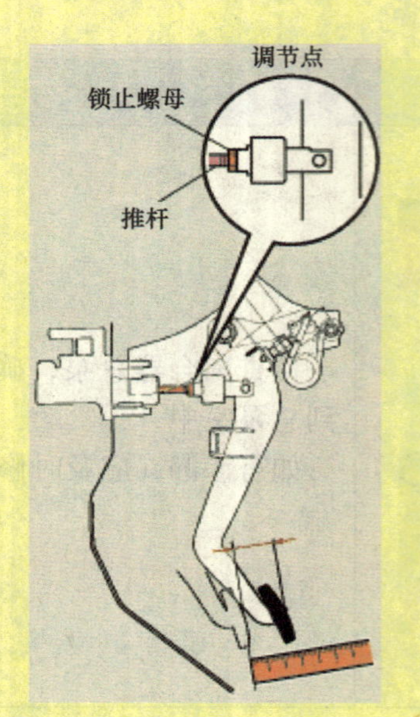	用手指按压踏板，同时用一把直尺测量踏板的自由行程。检查踏板自由行程是否位于 5 ~ 15 mm 之间 如果超出标准范围，调整踏板高度 提示： 用手指按压踏板时，感觉踏板逐渐变重的过程可分为以下两步： 第一步：使踏板运动，直到踏板推杆接触总泵活塞 第二步：使踏板运动，直到总泵引起液压上升 离合器分离轴承推动膜片弹簧之前，随着踏板发生一定量的移动，踏板自由行程也就被确定
离合器踏板高度调整	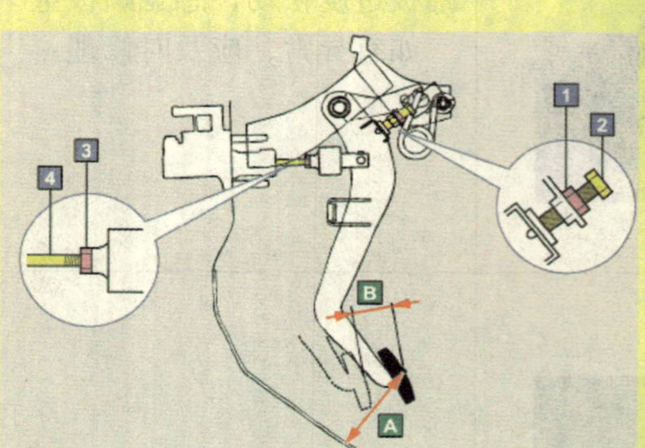	(1) 松开限位螺栓锁止螺母 (2) 转动限位螺栓，直到踏板高度符合标准 (3) 上紧限位螺栓锁止螺母
踏板自由行程调整	A踏板高度 B踏板自由行程 1限位螺栓锁止螺母 2限位螺栓 3推杆锁止螺母 4踏板推杆	(1) 松开推杆锁止螺母 (2) 转动踏板推杆，直到踏板自由行程符合标准 (3) 上紧推杆锁止螺母 (4) 调整好踏板自由行程之后，检查踏板高度是否符合标准

任务 8 举升车辆前的外部检查

<table>
<tr><th>项目</th><th>相关图示</th><th>作业内容</th></tr>
<tr><td rowspan="3">外部检查的准备</td><td></td><td>(1)打开后备箱门和油箱盖，操作拉手位于驾驶员座椅下方</td></tr>
<tr><td></td><td>(2)将顶灯开关转动至“门”
(3)将换挡杆设置为空挡</td></tr>
<tr><td>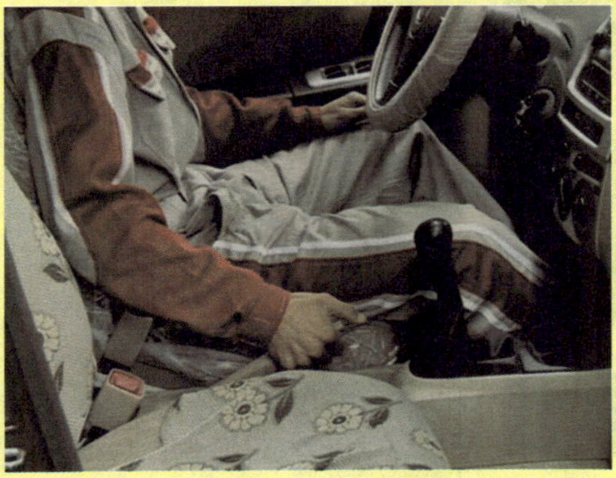</td><td>(4)释放驻车制动杆</td></tr>
</table>

<table>
<tr><td>检查门控灯开关</td><td></td><td>将顶灯开关转动至“门”（DOOR）
通过检查，确保打开一扇车门时顶灯变亮，而所有车门关闭时顶灯熄灭。否则修理门控灯开关
配备照明进入系统的车辆的顶灯在所有车门关闭后不会立即熄灭。因此需要等待几秒钟，以便检查顶灯是否熄灭</td></tr>
<tr><td rowspan="2">检查车身的螺母和螺栓</td><td></td><td>检查下述区域的螺栓和螺母是否松动：
（1）门（在各门位置）</td></tr>
<tr><td></td><td>（2）发动机盖（在前面）</td></tr>
</table>

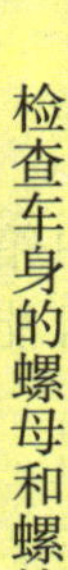 检查车身的螺母和螺栓		(3)座椅（在各门位置）
	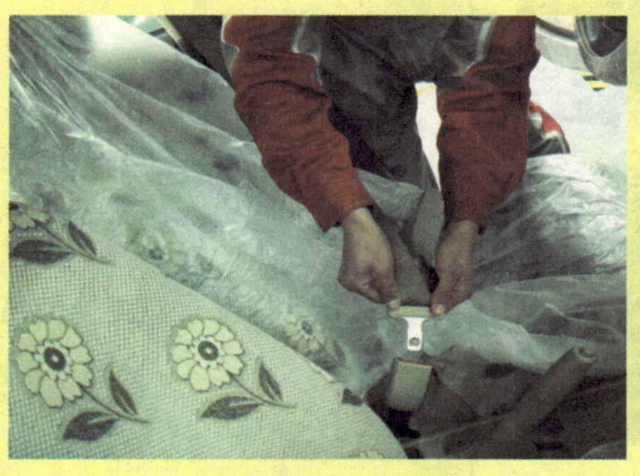	(4)座奇安全带（在各门位置）
		(5)后备箱门（在后面） 如有松动，应查明原因并紧固

检查油箱盖		(1)检查油箱盖有无变形或者损坏 通过检查，确保油箱盖或者垫片都没有变形或者损坏。同时检查真空阀是否锈蚀或者粘住 (2)附件情况检查 通过检查，确保油箱盖能够被正确上紧
		(3)扭矩限制器工作情况检查 安装油箱盖，并进一步上紧油箱盖，确保油箱盖发出咔嗒声，而且能够自由转动 如有异常情况，应更换油箱盖
检查悬架		(1)减振器减振力检查 通过上下摇动车身确定减振器的缓冲力大小，并且检测车身停止摇动需要的时间长短。如果减振器失效，应修理

检查悬架		(2)车辆倾斜的检查 目测检查车辆是否倾斜 提示: 如果车辆倾斜，则需要检测以下各项：轮胎气压；左、右轮胎或者车轮尺寸的偏差；不均匀的车辆负荷分配。再根据情况采取不同的处理措施
检查车灯		(1)用手检查车灯是否松动 (2)检查各灯的灯罩和反光镜有无褪色或因碰撞而造成的损坏。同时，检查灯内是否有污物或者有水进入 如有异常情况，应修理

任务9 备用轮胎的检查

项目	相 关 图 示	作 业 内 容
从后备箱取出备胎		松开固定装置，双手取出轮胎，放在专用轮胎架上检查

检查有无裂纹或者损坏		边旋转边检查轮胎胎面和胎壁是否有裂纹、割痕或其他损伤。轮胎至少转动 1 圈 如果磨损过大，应更换胎面
检查轮胎有无嵌入异物		边旋转边检查轮胎的胎面和胎壁是否嵌入金属颗粒、石子或者其他外物。轮胎至少转动 1 圈 如有异物，应将异物取出
检查胎面沟槽深度		(1)用干净的布清洁测量规 (2)对测量规校零 (3)沿轮胎圆周方向每 120°测量 1 次胎筒沟槽深度。每次测量前均需要用干净的布清洁测量规 (4)轮胎沟槽极限深度为 1.6 mm，对于高速行驶车辆的轮胎要求为 4 mm。低于极限深度时，建议车主更换 提示： 同时通过观察与地面接触的轮胎表面的胎面磨耗指示标记检查胎面深度 观察位于轮胎侧面的轮胎三角形（▲）磨损标记，如果轮胎磨损达到磨损标志，必须更换轮胎

检查有无异常磨损	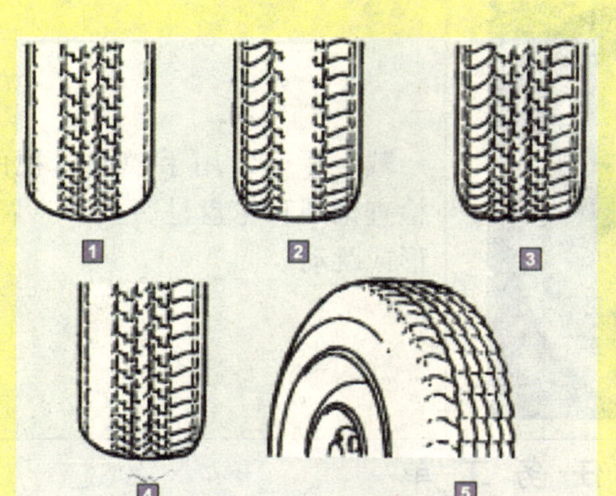	检查车胎的整个外围是否有均匀磨损或者阶段磨损 1双肩磨损 2中间磨损 3薄边磨损 4单肩磨损 5根部磨损
检查轮胎气压	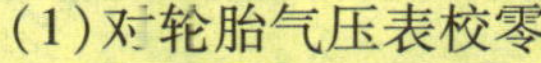	(1)对轮胎气压表校零 (2)将轮胎气压表测量头对准气门芯压下，按压轮胎气压表的手柄，读出轮胎气压表压力读数 (3)测量后，清洁轮胎气压表，并正确归位 (4)轮胎的冷胎充气压力为220 kPa 提示： (1)车辆轮胎气压的标准值在车辆右侧B柱处有明确标示 (2)轮胎气压表指示单位有kPa、bar、kg等，在读数时要注意单位之间的换算关系
检查有无漏气		(1)拧下气门芯帽，用毛刷蘸肥皂水，涂抹在气门芯上，察看是否有气泡冒出，以检查气门芯处是否有漏气现象。如果有气泡冒出，说明气门芯漏气 (2)检查完毕，要用抹布将黏附在轮胎上的肥皂液清洁干净

检查钢圈和轮盘		戴上手套，用手摸或目视的方式，检查钢圈和轮盘是否损坏、腐蚀、变形或跳动

四、任务工单

维护项目作业表

姓名________ 班级________ 教师签字________

顶起位置 1

序号	定期保养项目	操作记录		教师评分
	预检工作			
	驾驶员座椅			
1	安装座椅套			
2	安装地板垫			
3	安装转向盘套			
4	拉起发动机舱盖释放杆			
	车辆前部			
5	打开发动机舱盖			
6	安装翼子板布			
7	安装前格栅布			
8	安装车轮挡块			
	发动机舱			
9	检查发动机冷却液液位			
10	检查发动机机油液面			
11	检查制动液液位			
12	检查喷洗器液面			
	驾驶员座椅			
	车灯	左	右	
13	检查示宽灯点亮			
14	检查牌照灯点亮			
15	检查尾灯点亮			

续表

序号	定期保养项目	操作记录		教师评分
16	检查大灯（近光）点亮			
17	检查大灯（远光）和指示灯点亮			
18	检查大灯闪光开关和指示灯点亮			
19	检查转向信号灯和指示灯点亮			
20	检查危险警告灯和指示灯点亮			
21	检查制动灯点亮（尾灯点亮时）			
22	检查倒车灯点亮			
23	检查转向开关自动返回功能			
24	检查仪表板照明灯点亮			
25	检查顶灯点亮			
26	检查组合仪表警告灯（点亮和熄灭）			
	前风窗玻璃喷洗器	左	右	
27	检查喷射力、喷射位置			
28	检查喷射时刮水器联动			
	前风窗玻璃刮水器	左	右	
29	检查工作情况（低速）			
30	检查工作情况（高速）			
31	检查自动回位位置			
32	检查刮拭状况			
	喇叭	左	右	
33	检查工作情况			
	驻车制动器			
34	检查驻车制动杆行程			
35	检查驻车制动器指示灯点亮			
	制动器			
36	检查制动器踏板应用状况（响应性）			
37	检查制动器踏板应用状况（完全踩下）			
38	检查制动器踏板应用状况（异常噪声）			
39	检查制动器踏板应用状况（过度松动）			
40	测量制动踏板高度			
41	测量制动踏板自由行程			
42	检查制动助力器工作情况（下沉）			

续表

序号	定期保养项目	操作记录		教师评分
43	检查制动助力器真空功能（控制阀：高度不变）			
	转向盘			
44	测量自由行程			
45	检查松弛和摆动			
46	检查点火开关在 ACC 位置时转向盘能否自由转动			
	外部检查准备			
47	开行李箱门			
48	打开燃油盖			
49	将顶灯开关旋至“DOOR”			
50	将换挡杆置于空挡			
51	释放驻车制动杆			
	左前车门			
	门控灯开关			
52	检查工作情况（顶灯和指示器灯工作情况）			
	车身螺母和螺栓			
53	检查座椅安全带的螺栓和螺母是否松动			
54	检查座椅的螺栓和螺母是否松动			
55	检查车门的螺栓和螺母是否松动			
	左后车门			
	门控灯开关			
56	检查工作情况（顶灯和指示灯工作情况）			
	螺母和螺栓			
57	检查座椅安全带的螺栓和螺母是否松动			
58	检查座椅的螺栓和螺母是否松动			
59	检查车门的螺栓和螺母是否松动			
	油箱盖			
60	检查是否变形和损坏			
61	检查连接状况			
	后部			
	车灯	左	右	
62	检查安装状况			
63	检查是否损坏和有污垢			

续表

序号	定期保养项目	操作记录		教师评分
	备用轮胎			
64	检查是否有裂纹和损坏			
65	检查是否嵌入金属颗粒或其他异物			
66	测量胎面沟槽深度（测量规）			
67	检查是否有异常磨损			
68	检查气压			
69	检查是否漏气			
70	检查钢圈是否损坏或腐蚀			
	螺母和螺栓			
71	检查后备箱门的螺栓和螺母是否松动			
	后悬架	左	右	
72	检查减振器的阻尼状态			
73	检查车辆倾斜度			
	右后车门			
	门控灯开关			
74	检查工作情况（顶灯和指示灯工作情况）			
	螺母和螺栓			
75	检查座椅安全带的螺栓和螺母是否松动			
76	检查座椅的螺栓和螺母是否松动			
77	检查车门的螺栓和螺母是否松动			
	右前车门			
	门控灯开关			
78	检查工作情况（顶灯和指示灯工作情况）			
	螺母和螺栓			
79	检查座椅安全带的螺栓和螺母是否松动			
80	检查座椅的螺栓和螺母是否松动			
81	检查车门的螺栓和螺母是否松动			
	前部			
	前悬架	左	右	
82	检查减振器的阻尼状态			
83	检查车辆倾斜度			
	灯	左	右	

续表

序号	定期保养项目	操作记录	教师评分
84	检查安装状况		
85	检查是否损坏和有污垢		
	发动机舱		
86	检查发动机舱盖的螺栓和螺母是否松动		
87	拆卸机油加注口盖		

任务二　车辆顶起位置2的维护

一、教学目标

1. 了解球节上下滑动间隙的检查方法。
2. 掌握球节防尘罩的检查方法。

二、工作任务

1. 任务描述

举升器稍稍升起，检查车辆的悬架球节。球节的锁止螺母如果松动，将会使球节的上下滑动间隙加大，这将使车辆的安全性能受到严重影响。在进行车辆维护时，必须检查球节的上下滑动间隙，以确保车辆安全运行。

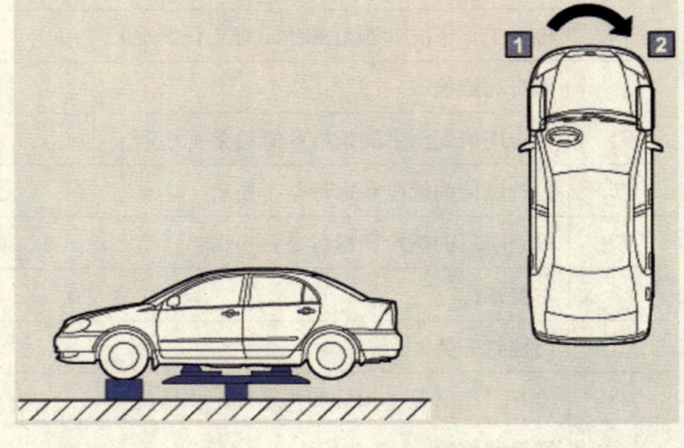

2. 实训器材

序号	名称	规格	数量
1	丰田卡罗拉1.6AT轿车或威驰轿车	1.6AT	1辆
2	剪式举升机	剪式	1台
3	木块		1块
4	制动踏板压力器		1个
5	清洁用抹布		若干
6	常用工具和量具		1套

三、任务实施

任务 悬架球节的检查

<table>
<tr><th>项目</th><th>相关图示</th><th>作业内容</th></tr>
<tr><td rowspan="2">检查球节的上下滑动间隙</td><td></td><td rowspan="2">（1）使用制动踏板压力器保持制动踏板被踩下
（2）前轮垂直向前，举起车辆，并且在一个前轮下放一个高度为180～200 cm的木块
（3）放低举升器直到前螺旋弹簧承载一半的负荷
提示：
通过放低举升器直到车轮行程一半时达到该状态
（4）再次确认前轮笔直向前
（5）在下臂的末端使用撬棒检查球节是否有过多的上下滑动间隙
说明：
如果球节有过多的上下滑动间隙，则应紧固球节螺母或修理
此项目只做演示</td></tr>
<tr><td></td></tr>
<tr><td>检查球节防尘罩是否损坏</td><td></td><td>检查球节防尘罩是否有裂纹、撕裂或者其他损坏
如有损坏，应更换防尘罩</td></tr>
</table>

四、任务工单

维护项目作业表

姓名________ 班级________ 教师签字________

顶起位置 2

序号	定期保养项目	操作记录	教师评分
	悬架球节		
1	检查球节是否有过多的上下滑动间隙		
2	检查球节防尘罩是否损坏		

任务三 车辆顶起位置 3 的维护

一、教学目标

1. 掌握发动机机油的检查及排放方法。
2. 能够对动力转向液进行检查。
3. 能够进行自动驱动桥油的检查与更换。
4. 掌握检查驱动轴护套的方法与注意事项。
5. 了解转向连接机构的检查方法。
6. 了解手动转向机或动力转向液的检查方法。
7. 熟悉制动管路的检查方法。
8. 熟悉燃油管路的检查方法。
9. 掌握排气管及其装置的检查方法。
10. 掌握底盘螺栓松动和底盘部件密封状况的检查内容、流程和方法。
11. 熟悉悬架的检查方法。
12. 掌握机油滤清器的更换作业流程和方法。

二、工作任务

1. 任务描述

举升器升起到较高位置，举升的高度以维护人员在车下操作感觉适宜为准。这个高度会因个人的身高不同而有所不同。位置 4、位置 6 和位置 8 的情况与此相同。检查车辆的底架，主要检查车辆下方有无连接松动，检查车辆下方有无油液泄漏，检查底盘螺栓松动和底盘部件密封状况，以及进行机油的排放和机油滤清器的更换。为了缩短空闲时间，在发动机机油排放时，从车辆前方移动至后方，然后再从后方回至前方来检查车辆。

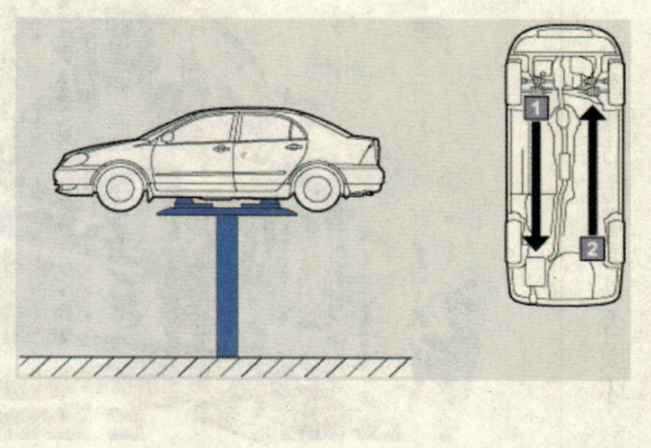

2. 技术标准与规范

(1)机油更换间隔期：一般每10 000 km或一年。

(2)机油滤清器更换间隔期：一般每10 000 km或一年。

(3)扭矩规范见下表。

序号	零件或螺栓位置	扭矩和要求
1	更换发动机油滤清器及排放塞衬垫	18 N·m（或按手册，接触后再转3/4圈）
2	安装、紧固机油排放塞	37 N·m
3	前下悬架臂×前悬架横梁	233 N·m，2侧×2个，22 #套筒（下）+梅花（横）
4	前下球节×前下悬架臂	89 N·m，2侧×3个－17，每侧应是两个螺母，一个螺栓
5	前悬架横梁×车身	145 N·m，2侧×2个－19
6	前制动卡钳×转向节	107 N·m，2侧×2个－17
7	前减振器×转向节	240 N·m，2侧×2个，22#套筒，可能有干涉
8	稳定杆连杆×前减振器	74 N·m，2侧×1个－17
9	稳定杆×稳定杆连杆	74 N·m，2侧×1个
10	前悬架横梁前支架×前悬架横梁	87 N·m，2侧×4个－17，有一个发动机前悬支架下加强件（96 N·m）
11	前悬架横梁后支架×车身	93 N·m，2侧×2个－17
12	前悬架横梁加强件固定螺栓	96 N·m，2侧×4个－14或17
13	横拉杆端头锁止螺母（检查）	74 N·m，2侧×1个－两个19开口或一个活动扳手，不必用扭力
14	横拉杆端头×转向节（检查）	49 N·m，2侧×1个（检查开口销）
15	转向机壳×前横梁	138 N·m，2侧×1个，下部螺母有定位，要从上部检查，用其他扳手，报出正确值
16	后桥横梁（拖臂）总成×车身	135 N·m，2侧×1个
17	制动分泵×背板	57 N·m，2侧×2个－14
18	后减振器×后横梁总成	90 N·m，2侧×1个－17
19	排气管	43 N·m×6个－14
20	燃油箱	39 N·m×4个－14

3. 实训器材

序号	名称	规格	数量
1	丰田卡罗拉1.6AT轿车或威驰轿车	1.6AT	1辆
2	剪式举升机	剪式	1台
3	车轮挡块		4个
4	地板垫、座椅套、转向盘套		1套
5	翼子板布、前格栅布		1套

续表

序号	名称	规格	数量
6	废气抽排装置		1个
7	S形挂钩		2个
8	预制式扭力扳手	5～25 N·m、10～100 N·m、40～340 N·m	各1把
9	机油收集装置		1台
10	机油滤清器更换专用工具		1把
11	机油滤清器、专用机油		1套
12	手电筒或工作灯		1个
13	机油排放塞拆装工具		1套
14	清洁用抹布		若干
15	常用工具和量具		1套

三、任务实施

任务1　发动机机油的排放和机油滤清器的更换

项目	相关图示	作业内容
检查是否漏油		检查发动机是否漏油： (1)发动机各种区域的接触面 (2)油封 (3)排放塞 如果发现漏油，应更换漏油的油封和排放塞，或进行进一步的检查和修理 提示： 用目测的方法，检查时要借助手电筒或工作灯 注意保护头部。检查时，不要碰伤头部，烫伤、划伤手和眼睛
排放机油		拆卸排放塞和垫片，排放发动机机油 先用14#梅花扳手逆时针旋松，然后用手旋，机油排放塞放到工作台上 提示： 严禁戴手套；防止机油溅到身体各部位 注意不要将机油排放塞方向旋错

收集机油	 	用机油收集桶收集排放的机油 提示： 用手旋出机油排放塞时要小心机油喷溅，当心烫伤。尽量不要让机油喷到机油收集桶之外 警告： (1)严禁戴手套进行机油排放塞的拆装作业 (2)如果手上沾上机油，应及时清洗 (3)机油收集装置一定要调整到适当的高度
安装排放塞		安装新的垫片和排放塞 提示： 在排放机油的同时进行其他检查，等机油排放结束后，安装一个新的垫片和排放塞 技术规范与要求： 紧固机油排放塞力矩：37 N·m
发动机机油滤清器更换		1. 使用 SST（专用维修工具），拆卸机油滤清器 2. 检查和清洁机油滤清器的安装表面 3. 在新的机油滤清器垫片上涂清洁的发动机机油

发动机机油滤清器更换		4. 轻缓地拧动机油滤清器使其就位，然后拧紧，直到垫片接触底座 5. 使用专用维修工具再次拧紧 3/4 圈 提示： 在某些类型的发动机上，机油滤清器在发动机室更换

任务 2 各项检查

项目	相关图示	作业内容
自动传动桥液的检查		1. 液体渗漏检查 确保没有液体从传动桥的任何部分渗漏，包括：壳接触面、轴和拉索伸出的区域、油封、排放塞和加注塞、管道和软管接头 如果渗漏，应修理或更换 2. 油冷却软管损坏检查 检查油冷却软管是否有裂纹、隆起或者损坏 如果损坏，应更换
		3. 自动驱动桥液的更换 (1) 拆卸排放塞和垫片，排放自动驱动桥（变速器）液（ATF） (2) 将液体排放之后，重新安装带有一个新垫片的排放塞 (3) 通过量油尺指示重新加注规定数量的自动驱动桥（变速器）液 (4) 检查液位

<table>
<tr><td>驱动轴护套的检查</td><td> </td><td>1. 裂纹和其他损坏检查
手动转动轮胎，使它们完全转向一侧。然后，检查驱动轴护套的整个外围是否有裂纹或者其他损坏
检查护套卡箍，确保其已经被正确安装并且没有损坏
如果发现裂纹或损坏，应更换
2. 油脂渗漏检查
检查护套是否有任何油脂渗漏
如果发现渗漏，应更换</td></tr>
<tr><td>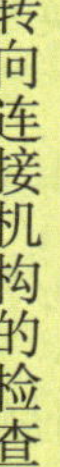转向连接机构的检查</td><td></td><td>1. 松动和摆动检查
用手摇晃转向连接机构，检查是否松动或者摆动
如果有松动或摆动，应紧固
2. 弯曲和损坏检查
检查转向连接机构是否弯曲或者损坏
检查防尘罩是否有裂纹或者破损
如果发现问题，应修理或更换</td></tr>
<tr><td>手动转向机的检查</td><td></td><td>机油和润滑脂渗漏检查：
检查齿轮箱是否有润滑脂或者机油渗漏（或者浸润）
如果是齿条和小齿轮类型，转动轮胎，以使转向盘向左和向右转
检查齿条护套是否有裂纹或者破损
如果发现问题，应修理或更换</td></tr>
</table>

<table>
<tr>
<td>动力转向液（复循环球型动力转向）的检查</td>
<td></td>
<td>1. 液体渗漏检查
检查动力转向液是否渗漏，包括齿轮箱、PS 叶轮泵、液体管路和连接点
2. 裂纹和其他损坏检查
检查 PS 软管是否有裂纹或其他损坏
如果有渗漏或损坏，都应进一步检查和修理</td>
</tr>
<tr>
<td rowspan="2">制动管路的检查</td>
<td>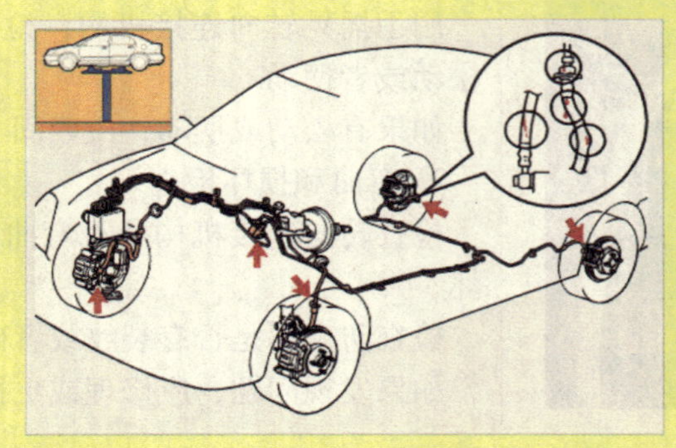</td>
<td>1. 液体渗漏检查
检查制动管路连接部分是否有液体渗漏。如果有渗漏，应修理或更换
2. 制动管路损坏检查
检查制动管路是否有凹痕或者其他损坏
检查制动管路软管是否扭曲、磨损、开裂、隆起等。如果发现问题，应修理或更换
提示：
如果保护盖上有飞石的痕迹，制动管路可能有相同的损坏</td>
</tr>
<tr>
<td></td>
<td>3. 安装状况检查
检查制动管道和软管，确保车辆运动或者转向盘完全转动到任何一侧时，不会因为振动而与车轮或者车身接触
提示：
检查时，手动转动轮胎直到转向盘被完全转向一侧</td>
</tr>
</table>

燃油管路的检查	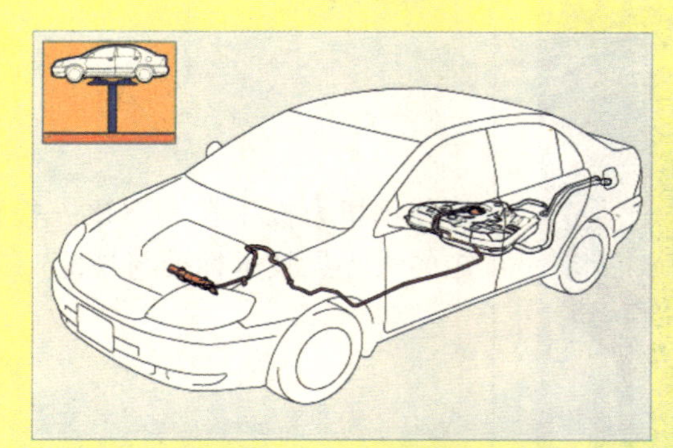	1. 燃油渗漏检查 检查燃油管路是否渗漏 2. 燃油管路损坏检查 检查燃油管路是否损坏 如果有渗漏，应立即修理，否则行车很危险 提示： 如果保护盖上有飞石的痕迹，燃油管路可能有相同的损坏
排气管道和安装件的检查		1. 损坏和安装状况检查 检查排气管是否损坏 检查消声器是否损坏 检查排气管支架上的 O 形圈是否损坏或者脱离 检查垫片是否损坏 2. 排气管渗漏检查 通过观察接头周围是否存在炭黑，检查排气管连接部分是否泄漏废气 如果有异常情况，应立即修理
悬架的检查	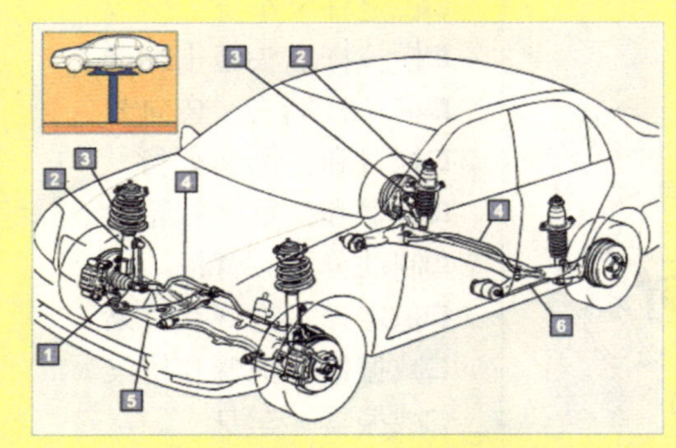	检查下述各悬架组件是否损坏 1转向节 2减振器 3螺旋弹簧 4稳定杆 5下臂 6拖臂和桥梁 如果有异常情况，应进一步检查和修理

螺母和螺栓（车辆底部）的检查		使用扭力扳手在车下逐一检查。扭矩的大小见技术标准与规范
	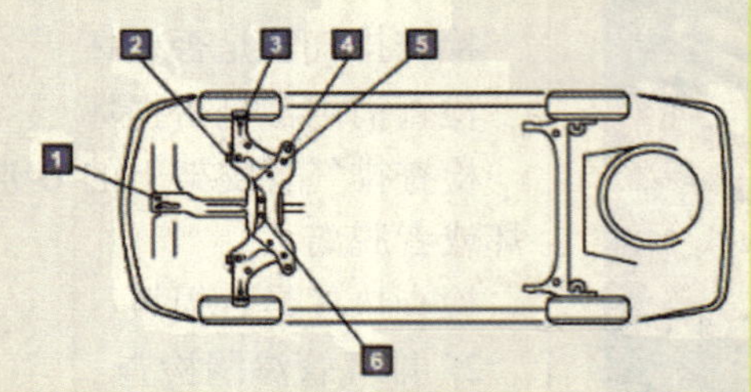 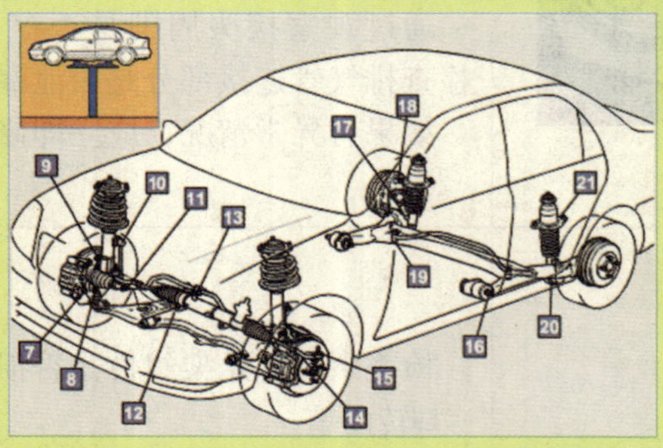 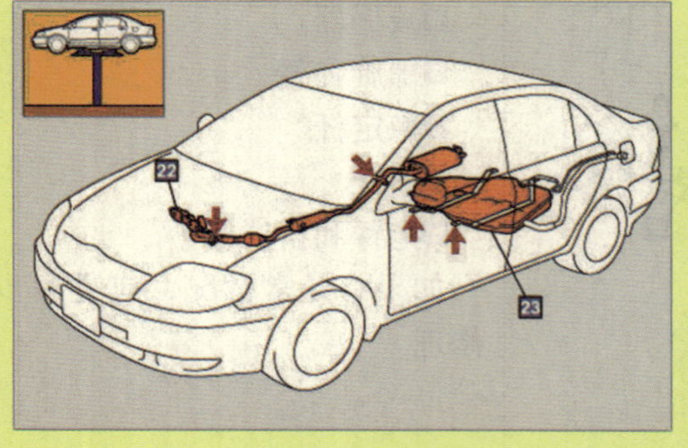	检查下述底盘连接的螺栓和螺母是否松动： 1 中间梁×车身 2 下臂×横梁 3 球节×下臂 4 横梁×车身 5 下臂×横梁 6 中间梁×横梁 7 盘式制动器扭矩板×转向节 8 球节×转向节 9 减振器×转向节 10 稳定杆连接杆×减振器 11 稳定杆×稳定杆连接杆 12 转向机外壳×横梁 13 稳定杆×车身 14 横拉杆端头锁止螺母 15 横拉杆端头×转向节 16 拖臂和桥梁×车身 17 拖臂和桥梁×后轮毂 18 制动分泵×背板 19 稳定杆×拖臂和桥梁 20 减振器×拖臂和桥梁 21 减振器×车身 22 排气管 23 燃油箱

四、任 务 工 单

维护项目作业表

姓名________ 班级________ 教师签字________

顶起位置 3

序号	定期保养项目	操作记录		教师评分
	发动机机油（排放）			
1	检查是否漏油（发动机各部位的配合表面）			
2	检查是否漏油（油封）			
3	检查是否漏油（排放塞）			
4	排放发动机机油			
	自动传动桥液			
5	液体渗漏检查			
6	油冷却软管损坏检查			
	驱动轴护套	左	右	
7	检查是否有裂纹、损坏（外侧）			
8	检查是否有裂纹、损坏（内侧）			
9	检查是否有泄漏（外侧）			
10	检查是否有泄漏（内侧）			
	转向连接机构	左	右	
11	检查是否松动和摇摆			
12	检查是否弯曲和损坏			
13	检查防尘套是否有裂纹和损坏			
	手动转向机构			
14	检查齿轮箱是否有润滑脂或者机油渗漏（或者浸润）			
15	检查齿条护套是否有裂纹或者破损			
	动力转向液（复循环球型动力转向）			
16	液体渗漏检查			
17	裂纹和其他损坏检查			
	制动管路			
18	检查是否泄漏			
19	检查制动管路上的压痕或其他损坏			
20	检查制动管路软管扭曲、裂纹和凸起			
21	检查制动器管道和软管的安装状况（松旷）			
	燃油管路			
22	检查燃油是否泄漏			
23	检查燃油管路是否损坏			
	排气管和安装件			

续表

序号	定期保养项目	操作记录		教师评分
24	检查排气管是否损坏			
25	检查消声器是否损坏			
26	检查排气管吊挂是否损坏或脱落			
27	检查密封垫片是否损坏			
28	检查排气管是否泄漏			
	悬架	左	右	
29	检查是否损坏（转向节）			
30	检查是否损坏（前减振器）			
31	检查是否损坏（后减振器）			
32	检查是否泄漏（前减振器）			
33	检查是否泄漏（后减振器）			
34	检查是否损坏（前减振器螺旋弹簧）			
35	检查是否损坏（后减振器螺旋弹簧）			
36	检查是否损坏（下臂）			
37	检查是否损坏（稳定杆）			
38	检查是否损坏（拖臂和后桥）			
	发动机油滤清器及排放塞			
39	更换发动机油滤清器及排放塞衬垫			
40	安装紧固排放塞			
	螺母和螺栓（车辆底部）	左	右	
	前悬架			
41	前下悬架臂×前悬架横梁			
42	前下球节 ×前下悬架臂			
43	前悬架横梁 × 车身			
44	前制动卡钳×转向节			
45	前减振器×转向节			
46	稳定杆连杆 × 前减振器			
47	稳定杆×稳定杆连杆			
48	前悬架横梁前支架×前悬架横梁			
49	前悬架横梁后支架×前悬架横梁			
50	前悬架横梁加强件×前悬架横梁			
51	横拉杆端头锁止螺母（检查）			
52	横拉杆端头×转向节（检查）			
53	转向机壳×前横梁			
	后悬架	左	右	

续表

序号	定期保养项目	操作记录	教师评分
54	后桥横梁总成 × 车身		
55	制动分泵 × 背板		
56	后减振器 × 后桥横梁总成		
	其他		
57	排气管		
58	燃油箱		

任务四　车辆顶起位置 4 的维护

一、教 学 目 标

1. 熟悉车轮轴承的检查方法。
2. 掌握轮胎的拆装方法。
3. 熟练掌握盘式制动器的检查与维护方法。
4. 掌握鼓式制动器的检查与维护方法。

二、工 作 任 务

1. 任务描述

举升器升至中位，以轮胎中心对准维护人员胸口为准。维护人员按照图示绕车辆一周，主要检查车轮和制动器。

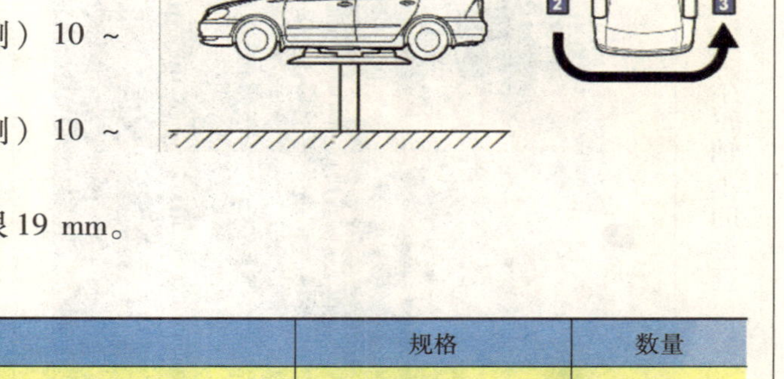

2. 技术标准与规范

(1) 轮胎气压 220 kPa。

(2) 制动分泵紧固力矩 34 N·m。

(3) 制动器摩擦片厚度（内侧）10 ~ 12 mm。

(4) 制动器摩擦片厚度（外侧）10 ~ 12 mm。

(5) 盘式转子盘厚度 22 mm，极限 19 mm。

3. 实训器材

序号	名称	规格	数量
1	丰田卡罗拉 1.6AT 轿车或威驰轿车	1.6AT	1 辆
2	剪式举升机	剪式	1 台
3	工作台		1 张
4	地板垫、座椅套、转向盘套		1 套

续表

序号	名称	规格	数量
5	翼子板布、前格栅布		1套
6	轮胎安放架		1个
7	S形挂钩		2个
8	预制式扭力扳手	5～25 N·m 10～100 N·m 40～340 N·m	各1把
9	轮胎花纹深度规		1个
10	肥皂水瓶、毛刷		1把
11	轮胎气压表		1个
12	外径千分尺	0～25 mm	1把
13	钢尺		1把
14	游标卡尺		1把
15	风动扳手		1把
16	常用工具和量具		1套

三、任务实施

任务　车轮和制动器的检查

项目	相关图示	作业内容
车轮轴承的检查	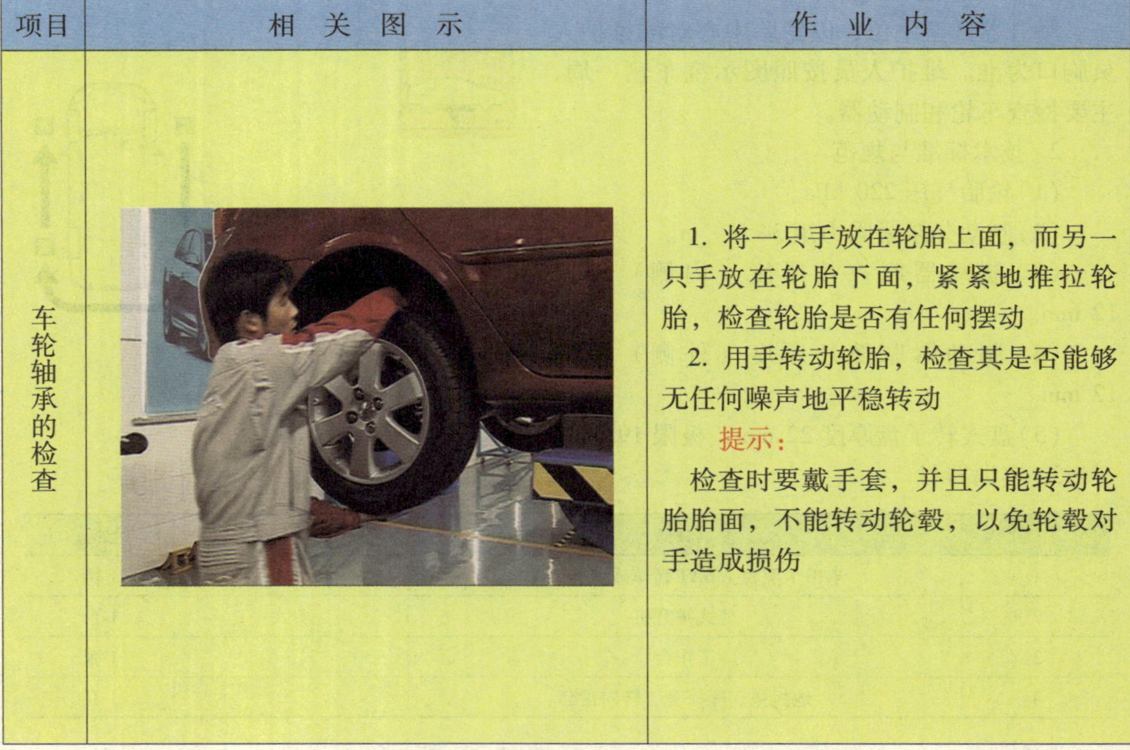	1. 将一只手放在轮胎上面，而另一只手放在轮胎下面，紧紧地推拉轮胎，检查轮胎是否有任何摆动 2. 用手转动轮胎，检查其是否能够无任何噪声地平稳转动 提示： 检查时要戴手套，并且只能转动轮胎胎面，不能转动轮毂，以免轮毂对手造成损伤

拆卸车轮	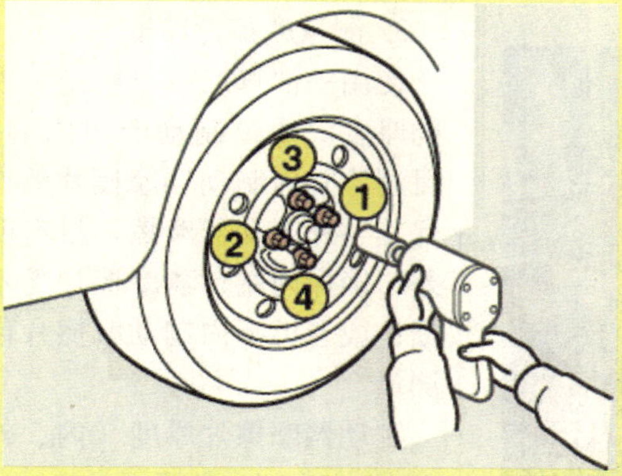	1. 先检查风动扳手的管路和套筒的连接情况 2. 然后检查旋向和扭矩 3. 按照交叉顺序拆卸车轮螺母 4. 最后拆卸车轮
轮胎维护与检查	方法同备胎检查方法	方法同备胎检查方法
盘式制动器的维护与检查		1. 拆卸制动卡钳 方法： 使用一把 14 – 17 的开口扳手和一把 14 – 17 的梅花扳手，按照左手拉、右手固定的动作拆卸
	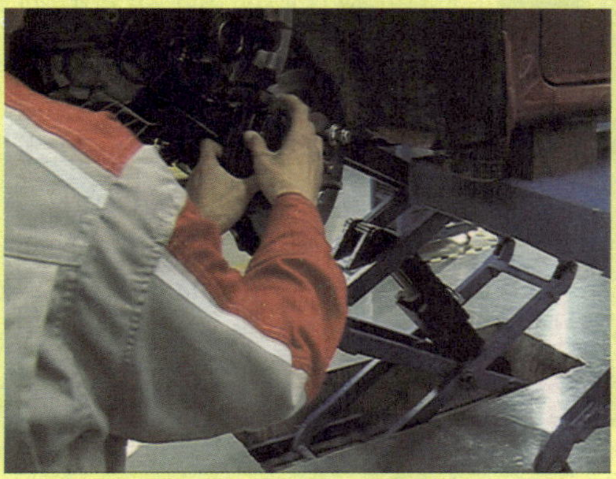	2. 拆卸两个带有消声垫片的制动器摩擦片

<table>
<tr><td rowspan="3">盘式制动器的维护与检查</td><td></td><td>3. 测量摩擦片厚度
使用一把直尺测量外制动器摩擦片的厚度。通过制动卡钳内的检查孔，目测检查内制动器摩擦片的厚度，确保其与外制动器摩擦片没有明显的偏差，确保内制动器摩擦片无不均匀磨损；或者拆下内制动摩擦片使用直尺测量
制动器摩擦片厚度（内、外侧）应在 10 ~ 12 mm 之间
如果厚度不足，应更换摩擦片</td></tr>
<tr><td></td><td>4. 检查制动盘上是否有刻痕、不均匀或者异常磨损、裂纹或其他损坏
5. 使用砂纸清洁制动盘</td></tr>
<tr><td></td><td>6. 测量制动盘厚度
先检查制动盘上是否有刻痕、不均匀或者异常磨损、裂纹或其他损坏，然后用外径千分尺测量转子盘厚度。必须在离制动盘 10 cm 处测量，最少均匀测 3 个点，取最小值
盘式转子盘厚度 22 mm，极限 19 mm。如果不足，应更换制动盘
技术要求：
使用千分尺必须清洁→校零→测量→再清洁</td></tr>
</table>

盘式制动器的维护与检查		7. 检查制动卡钳中是否有液体渗漏 如果制动液溅出或者粘在油漆表面上，应立即用水漂洗。否则，将损坏油漆表面
		8. 安装制动卡钳，用扭力扳手拧紧制动分泵紧固力矩 34 N·m
鼓式制动器的维护与检查		1. 拆卸制动鼓，以便检查鼓式制动器 提示： 注意双手拿住鼓式制动器，以防砸到双脚

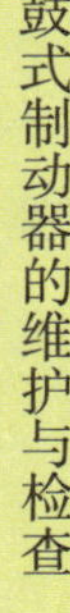 鼓式制动器的维护与检查	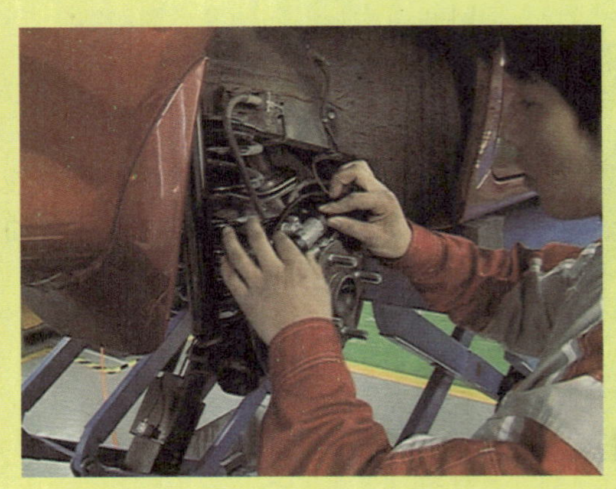	2. 检查制动蹄片 用手前后移动制动蹄片，检查制动蹄片移动是否顺利 检查制动蹄片与背板和固定件之间的接触面是否磨损 检查制动蹄片、背板和固定件是否生锈
	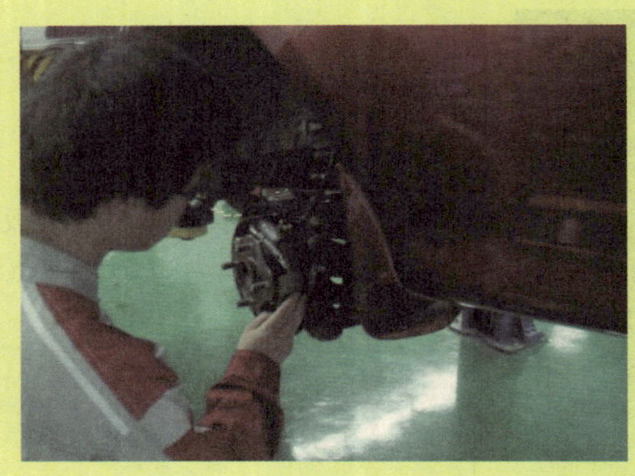	3. 清洁 （1）使用砂纸清洁制动蹄的衬片，并清除油污
		（2）如果必要，应同时清洁制动鼓的内表面

<table>
<tr><td rowspan="3">鼓式制动器的维护与检查</td><td></td><td>4. 检查制动衬片的厚度
使用一把直尺测量制动衬片的厚度
如果衬片的磨损量超过磨损极限，则应更换制动蹄片</td></tr>
<tr><td></td><td>5. 检查制动衬片是否损坏
检查制动衬片是否有裂纹、蜕皮和损坏
6. 检查制动液是否渗漏
检查车轮制动分泵缸中是否有液体渗漏</td></tr>
<tr><td></td><td>7. 测量制动鼓内径
使用一个制动鼓测量规或者类似器具测量制动鼓内径
8. 检查制动鼓是否有任何磨损或其他损坏</td></tr>
</table>

驻车制动蹄片间隙调整		1. 暂时拧下轮毂螺母 2. 拆卸孔塞；转动调节器，并扩展制动蹄片直到制动盘锁定 3. 回转调节器 8 个槽口 4. 检查制动蹄片是否拖滞在制动器上 5. 装上孔塞

四、任务工单

维护项目作业表

姓名________ 班级________ 教师签字________

顶起位置 4

序号	定期保养项目	操作记录	教师评分
	车轮轴承		
1	检查有无摆动		
2	检查转动状况和噪声		
3	拆卸车轮（左前）		
	轮胎		
4	检查是否有裂纹和损坏		
5	检查是否嵌入金属碎片和异物		
6	测量胎面沟槽深度		
7	检查轮胎异常磨损		
8	测量轮胎气压		
9	检查轮胎漏气		
10	检查钢轮损坏或腐蚀		
	盘式制动器（左前）		
11	目视检查制动器摩擦片厚度（内侧）		
12	测量制动器摩擦片厚度（外侧）		
13	检查制动器摩擦片的不均匀磨损		
14	检查盘式转子盘磨损和损坏		
15	盘式转子盘厚度检查		
16	检查制动卡钳处有无制动液泄漏		

任务五　车辆顶起位置5的维护

一、教学目标

1. 了解制动液更换工具的安装方法。
2. 掌握制动拖滞的检查方法。

二、工作任务

1. 任务描述

举升器升至低位。顶起位置5的检查工作路径如图所示，主要进行制动拖滞的检查。如有必要，进行制动液更换的准备工作，即安装制动液更换工具。

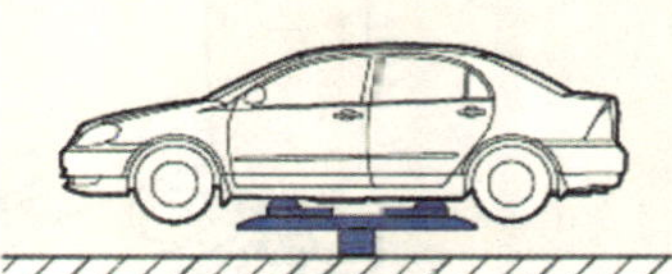

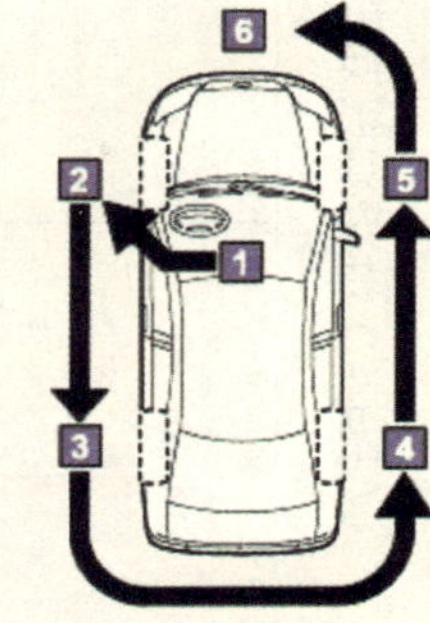

2. 实训器材

序号	名称	规格	数量
1	丰田卡罗拉1.6AT轿车或威驰轿车	1.6AT	1辆
2	剪式举升机	剪式	1台
3	制动液更换工具		1个
4	清洁用抹布		若干
5	常用工具和量具		1套

三、任务实施

任务　制动拖滞的检查和制动液更换工具安装（选做）

项目	相关图示	作业内容
制动拖滞的检查		1. 操作驻车制动杆几次并且踩下制动踏板几次，以便制动蹄片与制动盘或制动鼓接触 2. 使用驻车制动杆或者制动踏板直到后制动器自动调节器的咔嗒声消失 3. 用手转动制动盘或者制动鼓，检查是否有拖滞现象

<table>
<tr><td rowspan="2">制动液更换工具安装（选做）</td><td>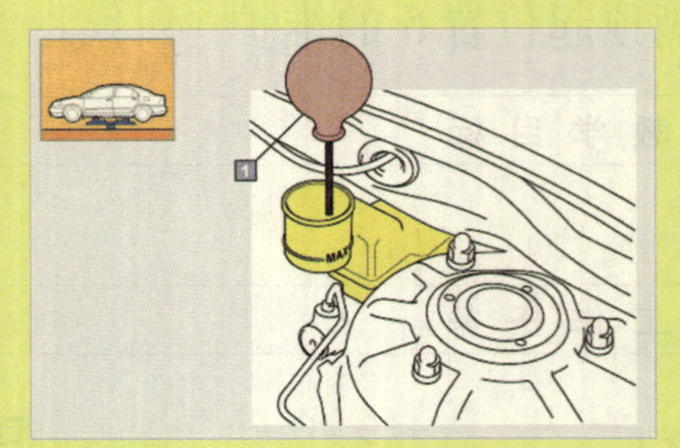
1 抽吸工具</td><td>1. 从制动总泵的储液罐中排放制动液
方法：
用制动液抽吸工具将制动总泵储液罐中的制动液吸出</td></tr>
<tr><td>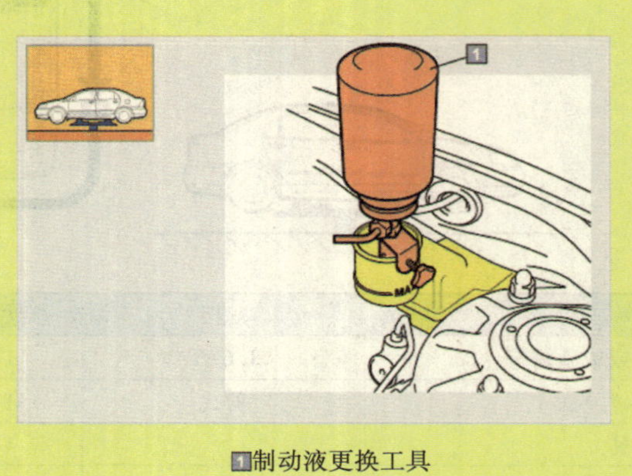
1 制动液更换工具</td><td>2. 安装制动液更换工具
方法：
将制动液更换工具安装在制动总泵储液罐上，并固定牢固</td></tr>
</table>

四、任 务 工 单

维护项目作业表

姓名________ 班级________ 教师签字________

顶起位置 5

序号	定期保养项目	操作记录	教师评分
1	检查盘式制动器有无制动拖滞		
2	检查鼓式制动器有无制动拖滞		
3	安装制动液更换工具		

任务六　车辆顶起位置 6 的维护

一、教 学 目 标

1. 了解制动液的更换方法。
2. 掌握车轮的临时安装方法。

二、工作任务

1. 任务描述

举升器升至中位。顶起位置6的检查工作路径如图所示，分别为左前、左后、右后和右前位置。将进行制动液的更换和车轮的临时安装。

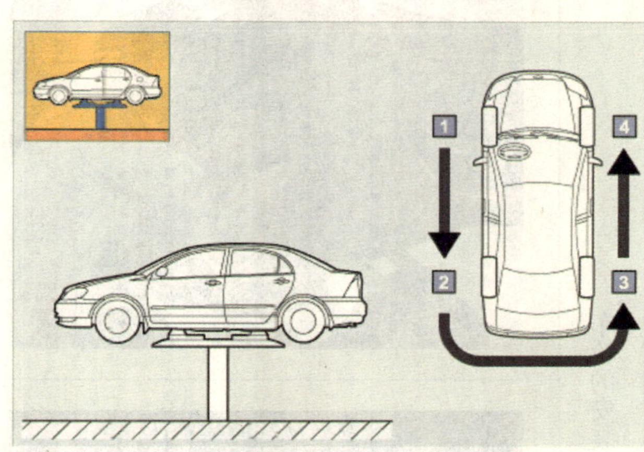

2. 实训器材

序号	名称	规格	数量
1	丰田卡罗拉1.6AT轿车或威驰轿车	1.6AT	1辆
2	剪式举升机	剪式	1台
3	制动液更换工具		1个
4	清洁用抹布		若干
5	常用工具和量具		1套

三、任务实施

任务 制动液的更换和车轮的安装

项目	相关图示	作业内容
制动液的更换（选做）	1梅花扳手 2制动液更换工具 3空气压缩机	使用制动液更换工具，按照下述顺序更换制动液 更换顺序：左前，左后，右后和右前 具体要求参考维修手册操作。因某些类型的制动器，比如带有ABS的类型，有特殊的操作要求

<table>
<tr><td rowspan="2">车轮的安装</td><td></td><td>1. 双手抱住轮胎下部，对准轮胎螺栓孔，将轮胎安装到位</td></tr>
<tr><td></td><td>2. 先用手将螺母旋紧。再用扳手将螺母拧紧
注意：
不可用气动扳手拧紧轮胎螺母</td></tr>
</table>

四、任务工单

维护项目作业表

姓名________ 班级________ 教师签字________

顶起位置 6

序号	定期保养项目	操作记录	教师评分
1	更换制动液		
2	临时安装车轮		

任务七 车辆顶起位置 7 的维护

一、教学目标

1. 掌握发动机机油的加注方法。
2. 了解发动机冷却液的更换方法。
3. 掌握传动带的检查与调整方法。
4. 掌握火花塞的检查与更换方法。

5. 掌握蓄电池的检查与更换方法。
6. 掌握制动液及制动管路的检查方法。
7. 掌握空气滤清器的更换方法。
8. 掌握活性炭罐的检查方法。
9. 掌握发动机起动前的其他检查项目。
10. 掌握轮胎的紧固方法。
11. 掌握冷却液的检查及发动机暖机过程的检查方法。
12. 掌握空调的检查方法。
13. 掌握发动机暖机后运行的其他检查项目。
14. 熟悉气门间隙的检查方法。

二、工 作 任 务

1. 任务描述

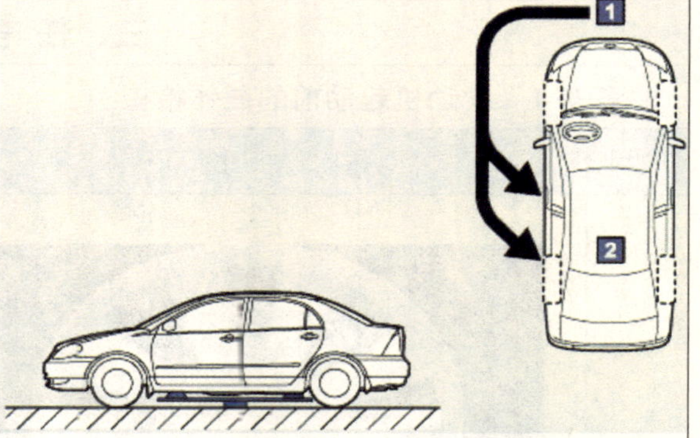

举升器降至低位，轮胎触及地面。在此位置上，检查主要在发动机室内进行，同时也包括对其他部分的检查，所以必须以有效的方式组合起来进行。该位置包括起动前、暖机过程、运行期间和熄火后的检查。为缩短空闲时间，应该合理组织这些操作，在发动机起动前、预热时和预热后都能有效地进行。

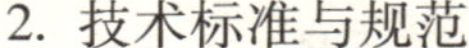

2. 技术标准与规范

(1)电解液密度 1.25 ~ 1.28 g/cm^3。

(2)加注机油量 4.2 L。

(3)前减振器上支撑扭矩 50 N · m。

(4)轮胎拧紧力矩 103 N · m。

(5)气门间隙：进气门侧间隙 0.15 ~ 0.25 mm，排气门侧司隙 0.25 ~ 0.35 mm。

3. 实训器材

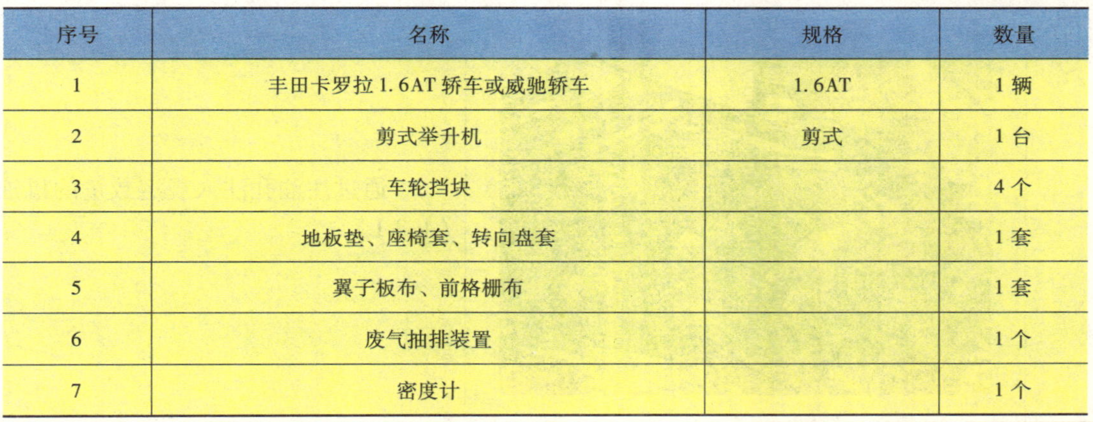

序号	名称	规格	数量
1	丰田卡罗拉 1.6AT 轿车或威驰轿车	1.6AT	1 辆
2	剪式举升机	剪式	1 台
3	车轮挡块		4 个
4	地板垫、座椅套、转向盘套		1 套
5	翼子板布、前格栅布		1 套
6	废气抽排装置		1 个
7	密度计		1 个

续表

序号	名称	规格	数量
8	预制式扭力扳手	5～25 N·m 10～100 N·m 40～340 N·m	各1把
9	传动带张紧力计		1台
10	塞尺		1把
11	空调检漏仪		1台
12	清洁用抹布		若干
13	常用工具和量具		1套

三、任务实施

任务1　发动机起动前的操作检查

项目	相关图示	作业内容
发动机机油（加注）		1. 拉紧驻车制动器，用车轮挡块挡住车轮
		2. 通过注油孔注入规定数量的机油（4.2 L）

<table>
<tr>
<td rowspan="2">冷却液更换（选做）与检查</td>
<td rowspan="2">排放发动机冷却液</td>
<td>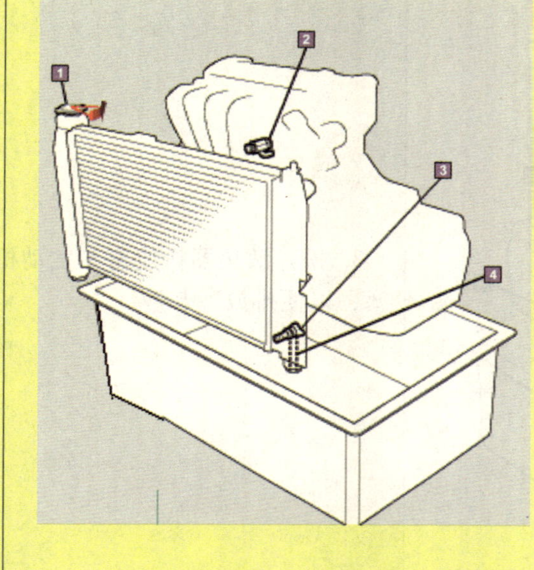
</td>
<td>1. 松开散热器盖 45°
1散热器盖
2发动机排放塞
3散热器排放塞
4排放管</td>
</tr>
<tr>
<td>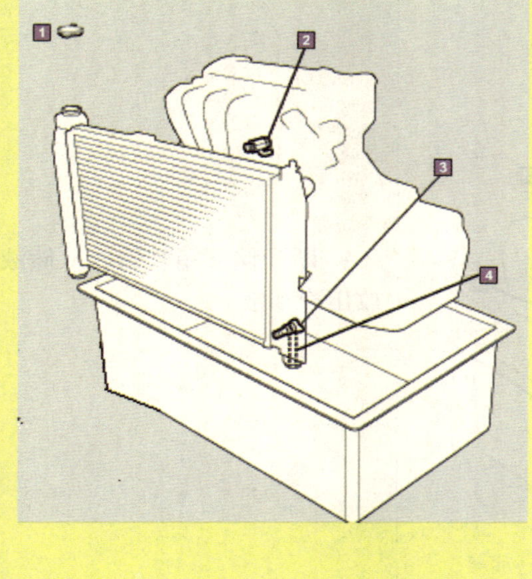
</td>
<td>2. 散热器内部的压力释放后，取下散热器盖</td>
</tr>
</table>

<table>
<tr>
<td rowspan="2">冷却液更换（选做）与检查</td>
<td rowspan="2">排放发动机冷却液</td>
<td>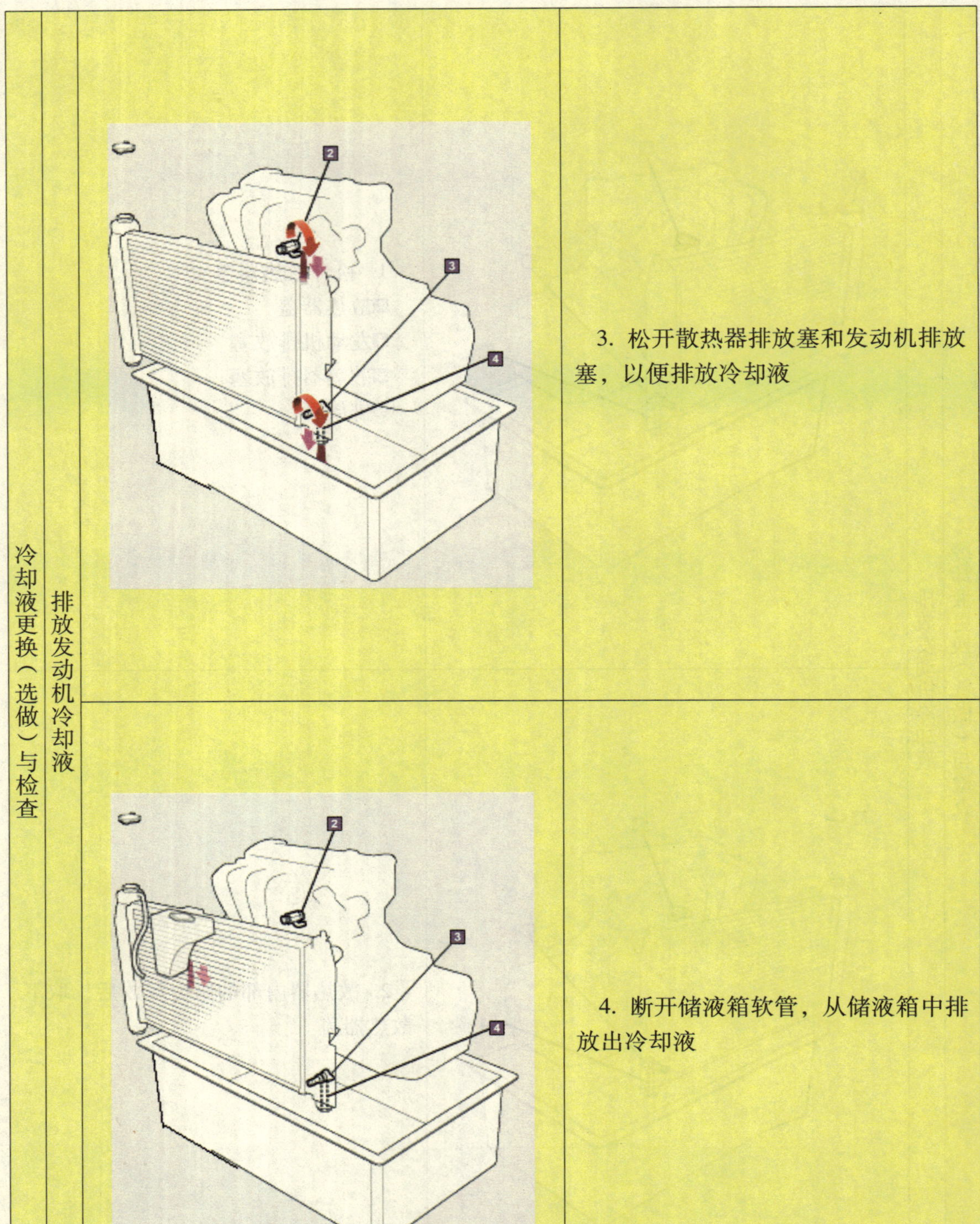</td>
<td>3. 松开散热器排放塞和发动机排放塞，以便排放冷却液</td>
</tr>
<tr>
<td></td>
<td>4. 断开储液箱软管，从储液箱中排放出冷却液</td>
</tr>
</table>

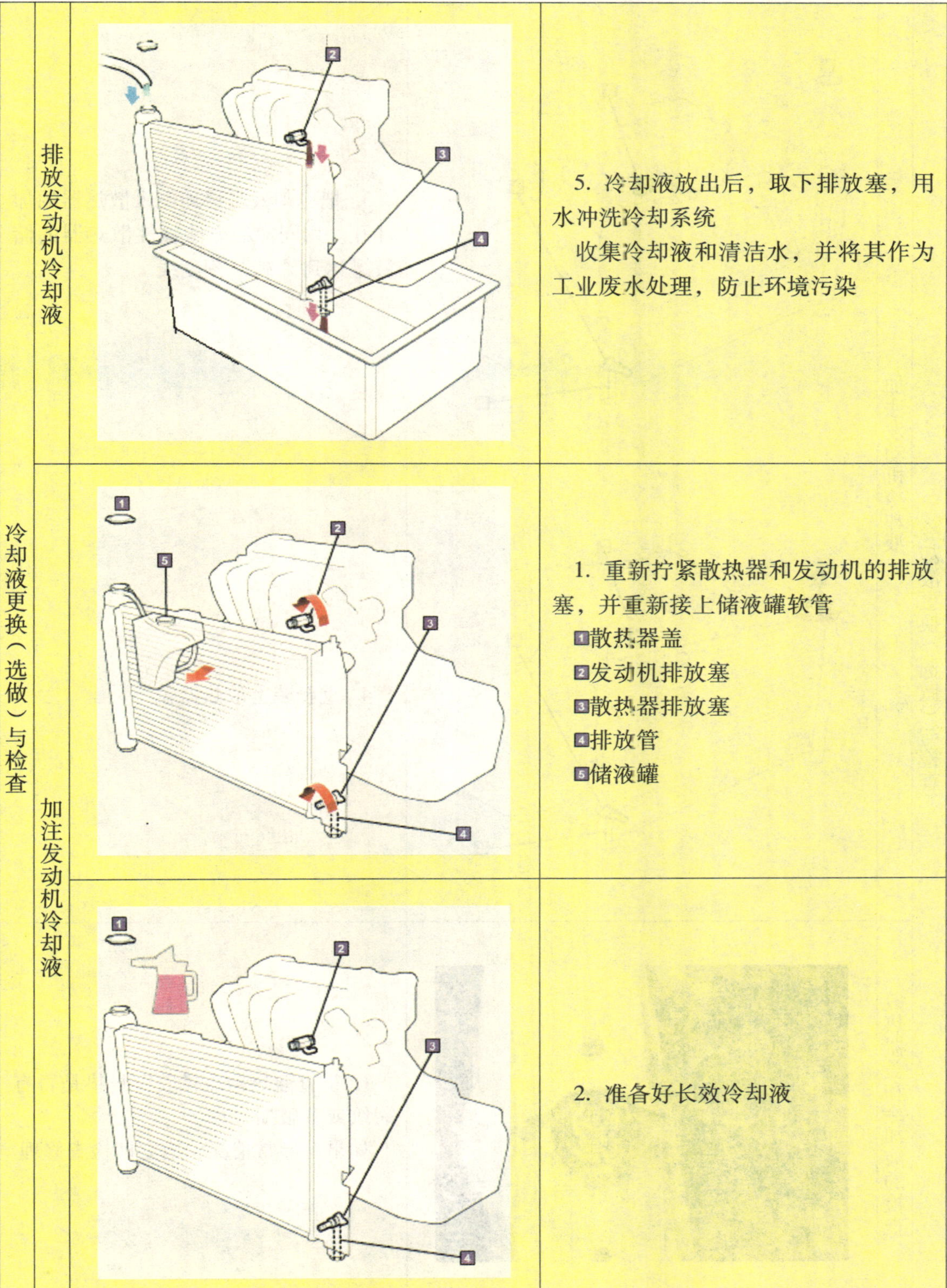

冷却液更换（选做）与检查	排放发动机冷却液		5. 冷却液放出后，取下排放塞，用水冲洗冷却系统 收集冷却液和清洁水，并将其作为工业废水处理，防止环境污染
	加注发动机冷却液		1. 重新拧紧散热器和发动机的排放塞，并重新接上储液罐软管 1散热器盖 2发动机排放塞 3散热器排放塞 4排放管 5储液罐
			2. 准备好长效冷却液

冷却液更换（选做）与检查	加注发动机冷却液		3. 把冷却液缓慢地倒入散热器的加注孔。用同样的方法加注散热器的储液罐达到“满”刻度线
		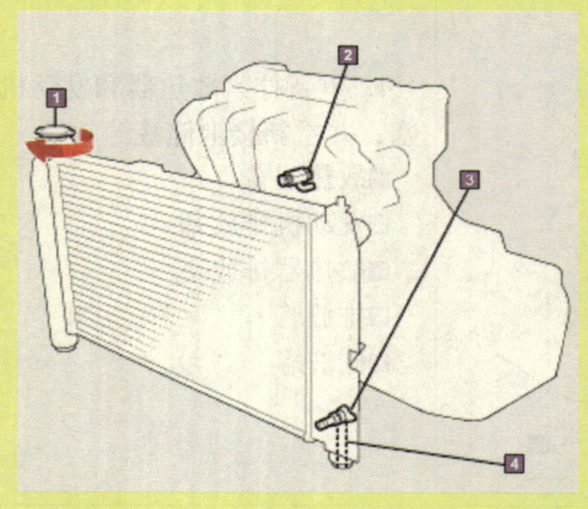	4. 重新装上散热器盖
	散热器盖和冷却液的检查		1. 检查散热器盖橡胶密封垫是否有裂纹或者破损 如果有异常情况，应立即检查修理

<table>
<tr><td>冷却液更换（选做）与检查</td><td>散热器盖和冷却液的检查</td><td>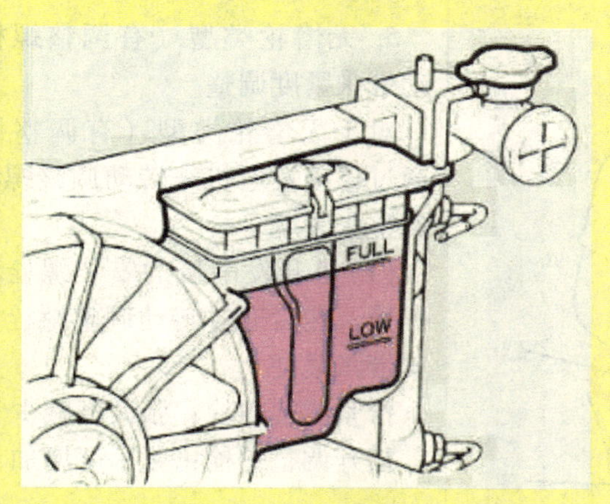
</td><td>2. 检查冷却液液位是否合适</td></tr>
<tr><td rowspan="2"></td><td rowspan="2">检查传动带</td><td>
</td><td>1. 用手指按压传动带，检查传动带张紧度。可按照维修手册，在规定的区域施加一个 98 N 的力检查张紧度。挠度应不超过 15 mm
如果张紧度不符合标准，则应进行调整
2. 检查传动带的整个外围是否有磨损、裂纹、层离或者其他损坏
3. 检查传动带是否正确地安装在带轮槽内
如有异常情况，则需要修理</td></tr>
<tr><td>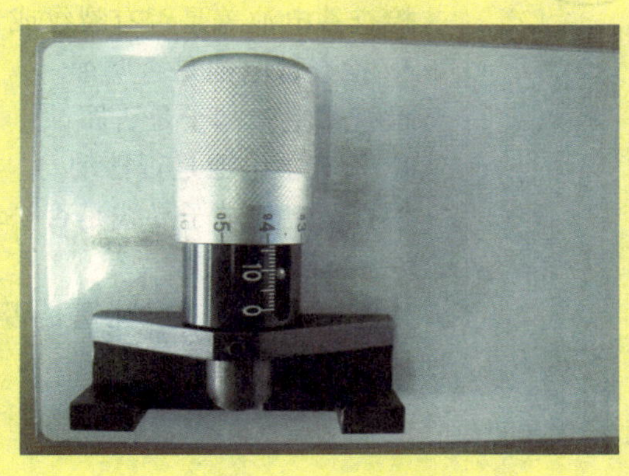</td><td>4. 检查带张力的另一个方法是使用带张力计</td></tr>
</table>

检查传动带	1传动带 2安装螺栓 3调整螺栓 4紧固螺栓	5. 无惰轮类型（有调整螺栓）传动带张紧度调整 对于无惰轮类型（有调整螺栓），通过移动发电机来转动调整螺栓，来调整张紧度 (1)松开发电机的安装螺栓和紧固螺栓，然后通过转动调整螺栓来调整皮带张紧度 拧紧调整螺栓：张紧度减少 松开调整螺栓：张紧度增加 注意： 如果在松开固定螺栓之前转动调整螺栓，调整螺栓就可能变形 (2)检查带张紧度，若合适，先拧紧紧固螺栓，然后再拧紧安装螺栓
检查蓄电池	 1蓝色表示正常 2红色表示电解液液位不足 3白色表示需要充电	1. 检查电解液液位 检查蓄电池各个单元的液位是否处于上线和下线之间；如果不足，应添加蒸馏水，不可添加配置好的电解液 某些类型的蓄电池可以通过蓄电池指示器查看液位和蓄电池状况 2. 检查蓄电池是否损坏 检查蓄电池盖是否有裂纹或者渗漏 3. 检查蓄电池是否腐蚀 检查蓄电池端子是否腐蚀 4. 检查蓄电池是否松动 检查蓄电池端子导线是否松动 5. 检查通风孔塞 检查蓄电池的通风孔塞是否损坏和通风孔是否阻塞

<table>
<tr>
<td>检查蓄电池</td>
<td>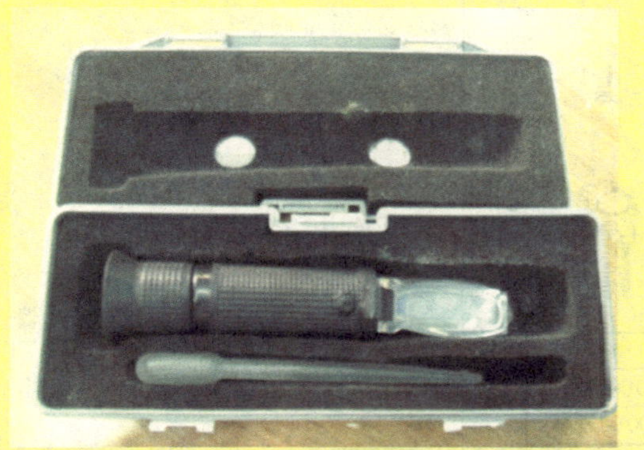
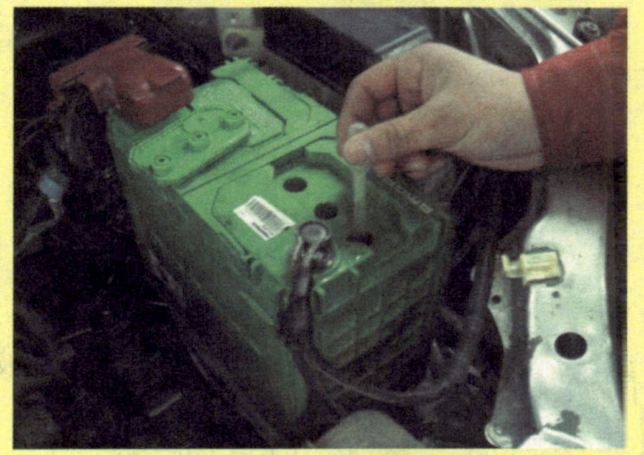
</td>
<td>6. 蓄电池密度检查
用液体密度计在温度为 20℃（68 ℉）时，检查蓄电池电解液所有单元的密度是否在 1.250 ~ 1.280 g/cm^{2}之间。确保电池单元之间的密度偏差低于 0.025
对于异常的蓄电池，可以先作充电等处理，如果可以排除故障，则继续使用。对于不能修复的蓄电池，应进行更换
（1）吸取电解液
（2）涂在测试区后，通过观察孔观察</td>
</tr>
<tr>
<td>检查火花塞</td>
<td></td>
<td>1. 如有需要，则更换所有火花塞</td>
</tr>
</table>

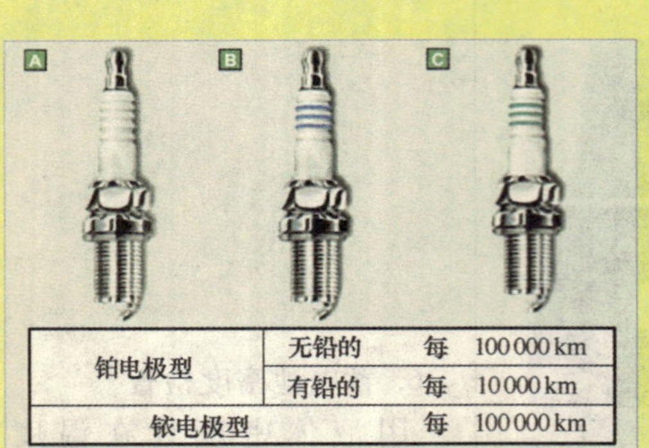

铂电极型	无铅的	每	100 000 km
	有铅的	每	10 000 km
铱电极型		每	100 000 km

提示：

更换火花塞的行驶里程

A常规型　B铂电极型

C铱电极型

检查火花塞

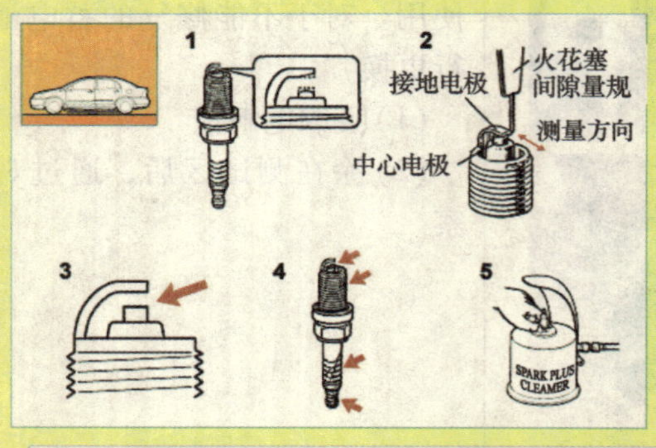

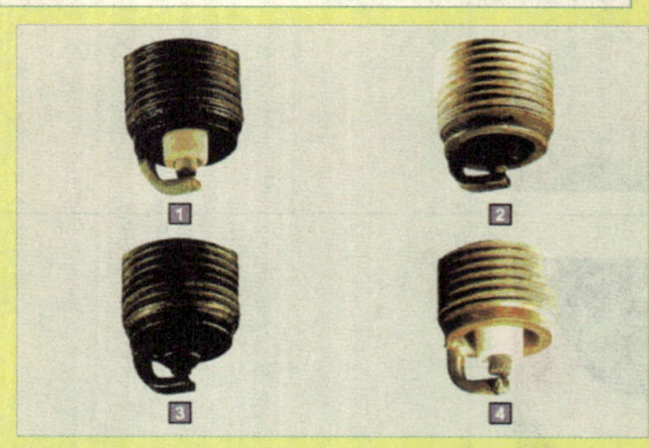

1正常　2炭污　3油污　4过热

2. 检查火花塞

（1）检查电极磨损

检查火花塞电极边缘是否被完全磨掉或者变圆

（2）检查火花塞间隙

用火花塞间隙规检查中央电极和接地电极之间的间隙是否在规定的值以内

如果未在规定的值以内，调整火花塞间隙

（3）检查工作条件

检查绝缘体是否咬住

（4）检查是否损坏

检查绝缘体是否有裂纹、端子腐蚀或被损坏的螺纹

（5）清洁火花塞

如果电极上有湿炭痕迹，先干燥，然后用火花塞清洁剂清洁

提示：

如果有机油痕迹，在使用火花塞清洁剂之前先用汽油将机油痕迹清除

<table>
<tr><td>检查火花塞</td><td>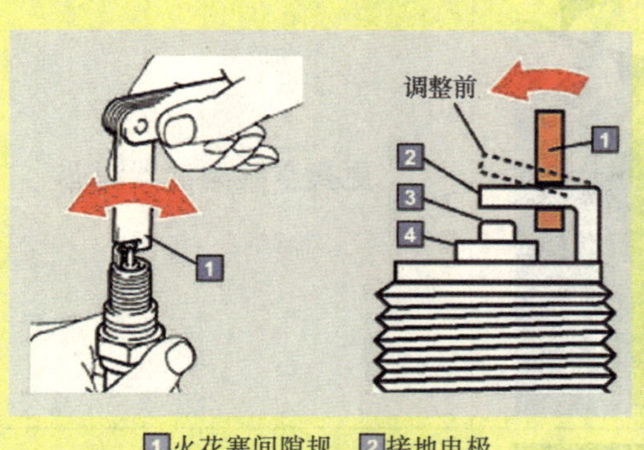

1火花塞间隙规 2接地电极
3中央电极 4绝缘体</td><td>3. 火花塞间隙调整
使用火花塞间隙规，将火花塞的接地电极放入火花塞间隙规的缺口部分，然后弯曲接地电极以便调整间隙
提示：
弯曲接地极时，不要让火花塞间隙规和绝缘体接触，确保绝缘体不会破裂
只要火花塞不是全新的，就有必要调整铱电极型的火花塞或者铂电极型的火花塞</td></tr>
<tr><td rowspan="2">检查制动液和制动管线</td><td></td><td>1. 检查制动液液位
检查制动总泵的储液罐中的液位是否在最高线和最低线之间。如果不足，需要添加
提示：
如果制动衬片或者制动器摩擦片磨损，制动液液位就会下降
如果制动液液位明显偏低，则需要检查制动系统是否渗漏</td></tr>
<tr><td>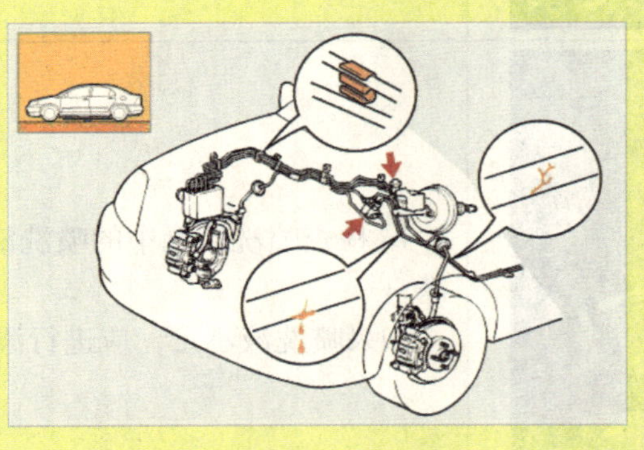</td><td>2. 检查制动管线有无渗漏
如有渗漏，需修理
3. 检查制动管线是否有裂纹和老化
4. 检查安装情况
检查制动软管和管道的安装是否正确
需要在各软管和管道上安装管箍
软管和管道不得干扰其他部件
如有异常情况，则需修理</td></tr>
</table>

<table>
<tr><td rowspan="4">起动前的其他检查</td><td></td><td>1. 更换空气滤清器滤芯</td></tr>
<tr><td></td><td>2. 检查炭罐是否损坏
如有异常情况，应进行修理</td></tr>
<tr><td></td><td>3. 检查前减振器的上支撑是否松动（扭矩 50 N·m）</td></tr>
<tr><td></td><td>4. 检查喷洗器罐中的喷洗液是否注满
如果喷洗液不足，应进行添加</td></tr>
</table>

任务 2　发动机起动后暖机过程的操作检查

项目	相关图示	作业内容
轮毂螺母重新上紧		1. 首先起动发动机。边预热发动机，边进行下列操作检查 2. 按照交叉顺序拧紧轮毂螺母。最后，使用扭矩扳手将螺母拧紧至规定的扭矩 提示： 轮胎拧紧力矩 103 N · m
检查PCV系统		1. 发动机怠速时，通过手指夹紧PCV（曲轴箱通风）阀软管，检查工作噪声 2. 检查软管是否有裂纹或者损坏，如有损坏，则更换 PCV 阀和软管
检查发动机冷却液		1. 检查冷却液是否渗漏 检查冷却液是否从散热器、橡胶软管、散热器盖和软管夹周围渗漏 2. 检查软管是否损坏 检查属于冷却系统的橡胶软管是否有裂纹、隆起或者硬化 3. 检查松动情况 检查软管连接和管箍的安装是否松动

任务3　发动机起动暖机后（和运行）的操作检查

项目	相关图示	作业内容
检查自动驱动桥液		1. 发动机怠速时，按照从P到L的顺序转换换挡杆，然后再从L到P拉回。各挡位走一遍，每挡位至少停2 s
	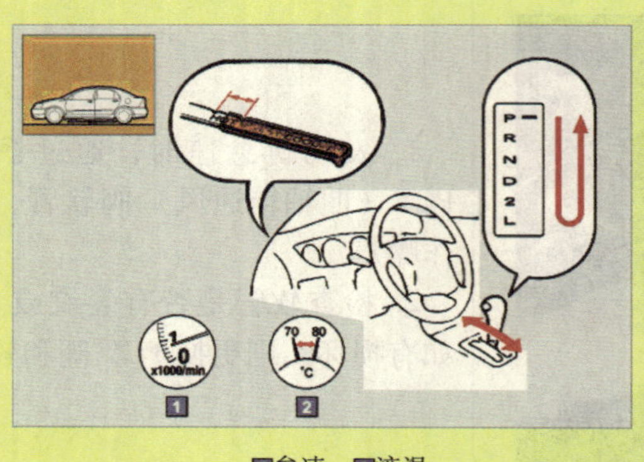 1怠速　2液温	2. 然后检查液位尺（油尺）液位是否在“热”范围内 提示： 液位应当在正常运行的条件下检查[液温（75 ± 5）℃] 虽然作为一个参考点给出了冷范围标记，正确的检查还是在热范围内进行 当液位较低时，检查液温，并且在补充液体之前检查渗漏
检查空调		1. 完全打开所有车门 2. 发动机转速为1 500 r/min 3. 鼓风机速度控制开关处于“高”位 4. 温度控制设为“最凉” 5. A/C 开关设为 ON

检查空调	 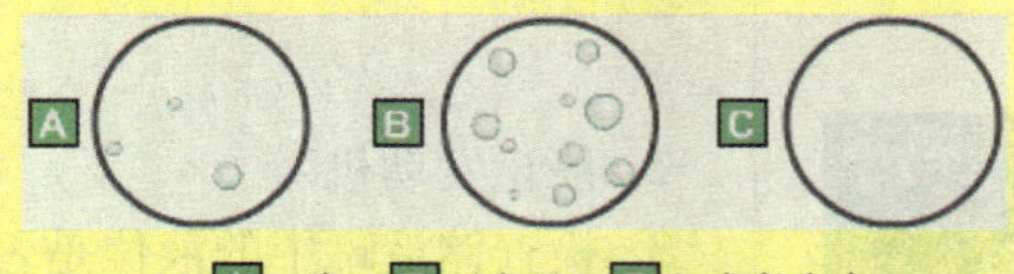 A正常 B不充足 C空或者多余	6. 通过观察窗观察制冷剂的流量，并检查制冷剂的量是否正常 如果制冷剂的量不充足，则需要进行制冷剂的加注
	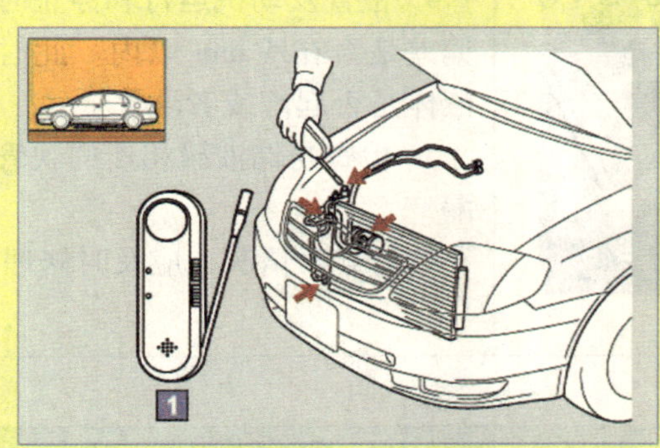 1漏气测试仪	7. 将点火开关关闭后，用气体泄漏测试仪检查制冷剂是否渗漏。如果有泄漏，需要进行管路修理 提示： 如果在发动机运行情况下进行渗漏检查，会有以下问题： 渗漏的制冷剂会受到来自风扇或者鼓风机空气的稀释，从而不能进行渗漏检查
	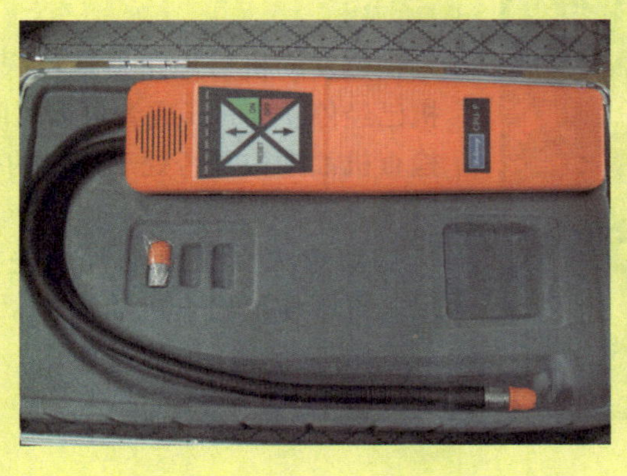	8. 冷却器装置中制冷剂压力下降，使得制冷剂不太容易渗漏 气体渗漏测试仪会对湿度的突然变化有所反应，因此来自排放软管的湿空气会造成误推断。所以，应当在点火开关关闭后检查

检查动力转向液		1. 发动机怠速时，在保持汽车原地不动的同时转动转向盘数次，以便使转向液温度上升到40～80℃（104～176℉）。然后，回退转向盘到中间位置
		2. 停止发动机 3. 检查储液罐中的液位是否处于规定范围内 4. 检查发动机运行和停止时的液位偏差是否在5 mm以内。此时，检查液体是否起泡或者乳化 5. 检查与储液罐相连的软管是否渗漏 如有异常情况，应及时修理

任务4 发动机停止后的操作检查

项目	相关图示	作业内容
检查发动机机油		预热发动机后停止发动机。待发动机已经停止5 min或者更多时间以后，检查机油油位是否处于规定的范围内 方法： 起动熄火。拔出油尺，先擦拭油尺，再用油尺检查机油油位。如果不足应添加

<table>
<tr><td>检查发动机机油</td><td>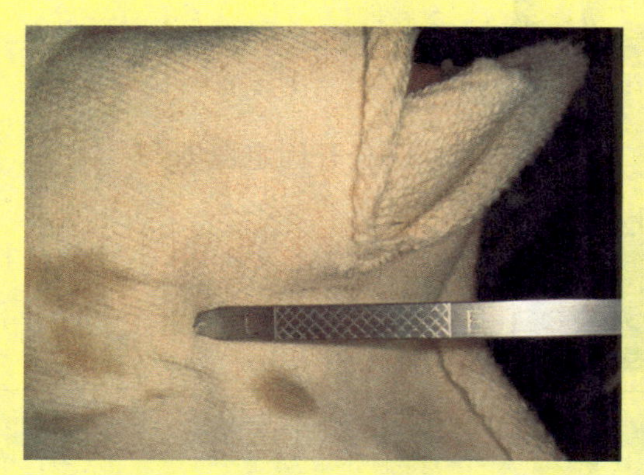</td><td>汽车停放在一个平面上时检查油位
从发动机已经停止 5 min 或者更多的时间之后，检查油位，目的是为了可以允许发动机各个区域的机油完全沉积在集油盘中</td></tr>
<tr><td rowspan="2">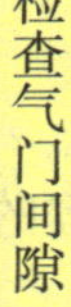检查气门间隙</td><td>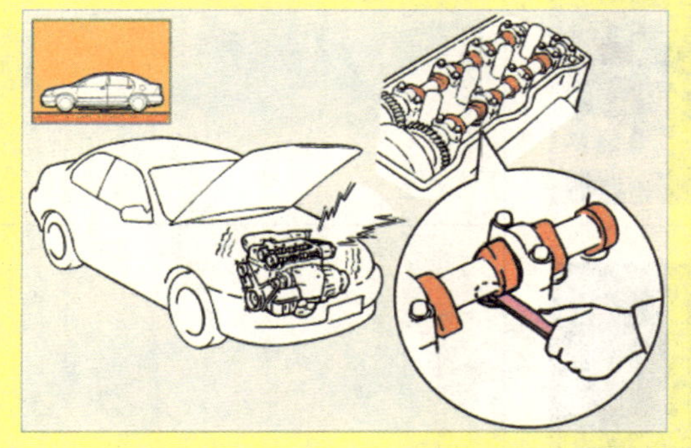</td><td>在一个冷却的发动机上，使用塞尺检查和调整气门间隙。如果发动机平稳转动没有异常噪声，该项检查可以省略</td></tr>
<tr><td></td><td>发动机停止的情况下，在一个冷却的发动机上进行气门间隙检查
1. 拔出高压线</td></tr>
</table>

<table>
<tr><td rowspan="3">检查气门间隙</td><td></td><td>2. 松开固定螺母</td></tr>
<tr><td></td><td>3. 拆卸气门室盖</td></tr>
<tr><td></td><td>4. 将一号气缸活塞置于压缩行程的上止点（TDC）
(1)曲轴带盘对准箭头标记
(2)凸轮轴带盘圆孔对准轴承盖缺口标记</td></tr>
</table>

<table>
<tr><td rowspan="2">检查气门间隙</td><td></td><td>5. 使用塞尺检查已经完全关闭的气门的间隙</td></tr>
<tr><td></td><td>6. 转动曲轴一周，然后测量其他气门的间隙
进气门侧间隙 0.15～0.25 mm
排气门侧间隙 0.25～0.35 mm
如果气门间隙不符合标准，应进行气门间隙的调整
7. 重新安装气门室盖</td></tr>
</table>

四、任务工单

维护项目作业表

姓名________ 班级________ 教师签字________

顶起位置 7

序号	定期保养项目	操作记录	教师评分
	发动机起动前		
	发动机油		
1	使用驻车制动器并放置车轮挡块		
2	加注发动机油		
	发动机冷却液		
3	排放发动机冷却液		
4	加注发动机冷却液		
5	检查散热器盖		
6	检查液位		
	传动带		

续表

序号	定期保养项目	操作记录	教师评分
7	检查传动带张紧度		
8	检查传动带磨损情况		
9	调整传动带张紧度		
	蓄电池		
10	检查电解液液位		
11	检查蓄电池盒损坏		
12	检查蓄电池端子腐蚀		
13	检查蓄电池端子导线松动		
14	检查通风孔塞损坏、孔堵塞		
15	测量电解液比重（单格）		
	火花塞		
16	更换火花塞		
17	检查电极磨损		
18	检查火花塞间隙		
19	检查工作条件		
20	检查绝缘体是否有裂纹、端子腐蚀或被损坏的螺纹		
21	清洁火花塞		
22	火花塞间隙调整		
	制动液		
23	检查总泵内液面（储液罐）		
24	检查总泵是否泄漏		
	制动管路		
25	检查液体是否泄漏		
26	检查制动器管和软管是否有裂纹和损坏		
27	检查制动器软管和管的安装状况		
	空气滤清器芯		
28	检查并更换		
	炭罐		
29	检查炭罐是否损坏		
	前减振器的上支撑		
30	检查前减振器上支撑的松动		
	喷洗液		

续表

序号	定期保养项目	操作记录	教师评分
31	检查液位（目视即可）		
	发动机暖机期间		
	轮毂螺母的再紧固		
32	旋紧车轮		
	PCV 系统		
33	检查工作噪声		
34	检查软管是否有裂纹或者损坏		
	发动机冷却液		
35	检查是否从散热器泄漏		
36	检查橡胶软管是否泄漏		
37	检查软管夹周围是否泄漏		
38	检查散热器盖是否泄漏		
39	检查橡胶软管是否有裂纹、凸起和硬化		
40	检查橡胶软管连接是否松动		
41	检查夹箍安装是否松动		
	发动机暖机后		
	自动传动桥		
42	检查液位		
	空调		
43	检查制冷剂量（从观察窗检查）		
44	检查制冷剂泄漏情况		
	动力转向液		
45	检查储液罐中的液位是否处于规定的范围内		
46	检查发动机运行和停止时的液位偏差是否在 5 mm 以内		
47	检查液体是否起泡或者乳化		
48	检查与储液罐相连的软管是否渗漏		
	发动机停机后		
	发动机油		
49	检查发动机油位（不必预热，按照当时温度）		
	发动机冷却液		
50	检查冷却液液位（目测储液罐）		
	气门间隙		

续表

序号	定期保养项目	操作记录	教师评分
51	拆卸气门室盖		
52	将一号气缸活塞置于压缩行程的上止点（TDC）		
53	使用厚度计检查已经完全关闭的气门的间隙		
54	转动曲轴一周，然后测量其他气门的间隙		
55	重新安装气门室盖		

任务八　车辆顶起位置8的维护

一、教学目标

1. 了解最终检查的项目。
2. 掌握最终检查（机油、制动液和更换件）的检查方法。

二、工作任务

1. 任务描述

举升器升至高位，对检查过的部位，更换过的零件以及机油和油液泄漏进行最后一次检查。

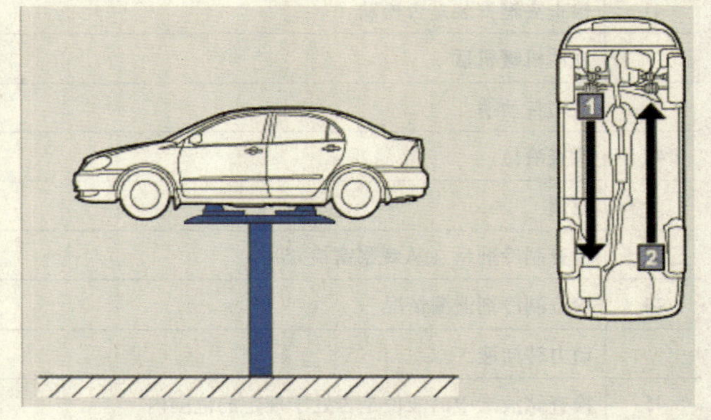

2. 实训器材

序号	名称	规格	数量
1	丰田卡罗拉1.6AT轿车或威驰轿车	1.6AT	1辆
2	剪式举升机	剪式	1台
3	手电筒		1个
4	清洁用抹布		若干
5	常用工具和量具		1套

三、任务实施

任务 最终检查

项目	相关图示	作业内容
最终检查		1. 将车辆顶起到如图所示高度
		2. 检查机油有无渗漏
		3. 检查制动管路和制动液等 4. 检查更换零件等的安装状况

四、任务工单

维护项目作业表

姓名________ 班级________ 教师签字________

顶起位置 8

序号	定期保养项目	操作记录	教师评分
1	检查发动机机油有无泄漏		
2	检查制动液有无泄漏		
3	检查更换零件等的安装状况		

任务九　车辆顶起位置 9 的维护

一、教学目标

1. 熟悉车辆检查后的整理清洁工作内容。
2. 掌握收音机、时钟和座椅位置的调整方法。

二、工作任务

1. 任务描述

举升器未升起。清洁车辆的各个部分，调整好收音机、时钟和座椅位置。进行 5S 现场整理工作。

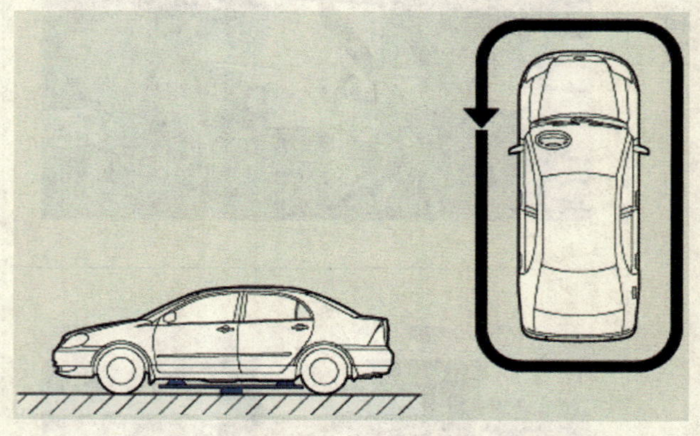

2. 实训器材

序号	名称	规格	数量
1	丰田卡罗拉 1.6AT 轿车或威驰轿车	1.6AT	1 辆
2	剪式举升机	剪式	1 台
3	清洁用抹布		若干

三、任务实施

任务　整理、清洁与调整工作

项目	相关图示	作业内容
拆卸翼子板布和前罩		拆卸翼子板布和前罩。盖上发动机机舱盖 技术要求： 翼子板布和前罩必须折叠整齐。盖上发动机机舱盖时，解除发动机舱盖支撑，双手把持发动机机舱盖前沿，距底座 20 cm 时脱手即可
调整工作 		1. 调整收音机
		2. 调整时钟到准确时间

调整工作		3. 调整座椅位置到合适位置
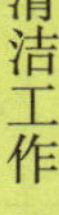 清洁工作		1. 清洁车身。包括车身内部、烟灰缸等
		2. 拆卸座椅护套、地毯和转向盘护套

5S现场整理工作		(1)整理、整顿、清洁、清扫、自律 (2)车身上凡是作业过的部位均应用干净抹布清洁 (3)地面必须用拖把清洁 (4)举升机控制柜必须清洁 (5)所有废弃物必须分类丢弃 (6)所有物品必须归位

四、任 务 工 单

维护项目作业表

姓名________ 班级________ 教师签字________

顶起位置 9

序号	定期保养项目	操作记录	教师评分
1	拆卸翼子板布和前罩		
2	调整收音机、时钟和座椅位置		
3	清洁车身		
4	拆卸座椅护套、地毯和转向盘护套		
5	5S 现场整理工作		

任务十 车辆道路测试

一、教 学 目 标

1. 掌握制动系统的道路检测方法。
2. 熟悉驻车制动系统的道路检测方法。
3. 掌握离合器系统（手动挡车型）的道路检测方法。
4. 掌握转向系统的道路检测方法。
5. 掌握自动驱动桥系统（自动挡车型）的道路检测方法。
6. 掌握道路测试时振动和异常噪声的检查内容。

二、工作任务

1. 任务描述

通过对车辆的道路测试，检查制动系统、驻车制动系统、离合器系统（手动挡车型）或自动驱动桥系统（自动挡车型）、转向系统以及振动和异常噪声情况，以此判断车辆维护的质量。

2. 技术标准与规范

(1)制动系统无异响、尖叫、发抖等异常现象。

(2)驻车制动杆行程6～9响。仅使用驻车制动器，车辆能够停留在斜坡上。

(3)离合器啮合平稳，分离彻底，无噪声或振动。

(4)直线行驶转向盘在适当位置。转向盘能自动回位，转向时不发飘、不摇振、不颤振。

(5)自动变速器换挡平顺，没有振动、冲击或打滑现象。

(6)全车无振动和不正常噪声。

3. 实训器材

序号	名称	规格	数量
1	丰田卡罗拉1.6AT轿车或威驰轿车	1.6AT	1辆
2	地板垫、座椅套、转向盘套		1套
3	清洁用抹布		若干
4	道路测试场地或安全的道路		

三、任务实施

任务　各系统的检测

项目	相关图示	作业内容
制动系统的道路检测		1. 检查在松开驻车制动器时是否有结合发抖现象 2. 根据施加在踏板上的力检查制动器功能，检查制动器踏板活动是否有卡滞 3. 检查制动器是否有尖叫声 4. 检查制动器踏板是否有足够的行程余量 5. 检查是否有类似振动或踏板松软的异常现象 建议： 本节操作练习时，可采用教师开车测试，学生乘坐体会的方式进行

驻车制动系统的道路检测	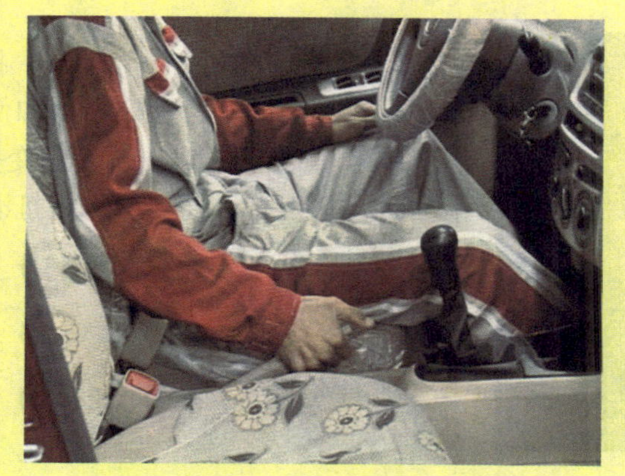	检查仅使用驻车制动器时，车辆是否能够停留在斜坡上
离合器系统的道路检测		1. 换到第一挡齿轮，并检查在车辆开始移动时离合器是否啮合平稳以及在加速时是否没有滑动 2. 检查在踏板踩下时是否有不正常噪声或振动
转向系统的道路检测		1. 检查当车轮笔直向前时转向盘是否在适当位置 2. 检查转向盘是否偏向一侧 3. 检查是否有异常噪声和结合发抖，并且检查转向操作是否方便并能自然回复到原始位置 4. 检查转向时是否不发飘，不摇振，不颤振等

项目	图示	说明
自动驱动桥系统的道路检测		1. 检查当在“2”和“D”挡内行驶时变速器能否自动换高挡和低挡 2. 检查在正常驾驶、齿轮变换、起动时，是否有振动、冲击或打滑现象  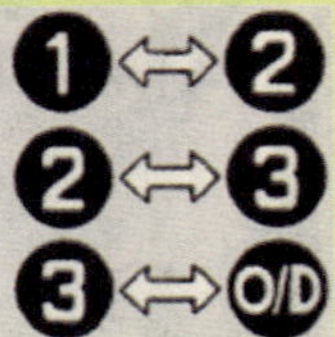
检查振动和异常噪声		检查当车辆下列装置工作时有无振动和不正常噪声： · 发动机 · 传动链 · 悬架系统 · 转向系统 · 制动系统 · 车身 如果在道路测试中有异常现象，则需要对该项目重新检查维护，确保车辆使用安全

四、任 务 工 单

维护项目作业表

姓名________ 班级________ 教师签字________

道路测试

序号	定期保养项目	操作记录	教师评分
	制动系统的道路检测		
1	检查在松开驻车制动器时是否有结合发抖现象		
2	根据施加在踏板上的力		
3	检查制动器是否有尖叫声		
4	检查制动器踏板是否有足够的行程余量		
5	检查类似振动或踏板松软的异常现象		
	驻车制动系统的道路测试		

续表

序号	定期保养项目	操作记录	教师评分
6	仅使用驻车制动器时，是否能够停留在斜坡上		
	离合器系统（手动挡车型）的道路测试		
7	检查离合器是否啮合平稳		
8	检查在踏板踩下时是否有不正常噪声或振动		
	转向系统的道路测试		
9	检查当车轮笔直向前时转向盘是否在适当位置		
10	检查转向盘是否偏向一侧		
11	检查异常噪声和结合发抖		
12	转向操作方便并能自然回复到原始位置		
13	检查转向时是否不发飘，不摇振，不颤振等		
	自动驱动桥系统（自动挡车型）的道路测试		
14	检查变速器能否自动换高挡和低挡		
15	检查是否有振动、冲击或打滑现象		
	振动和异常噪声的检查		
16	检查工作时有无振动和不正常噪声		

附录1 桑塔纳车系维护作业规范

1. 桑塔纳轿车二级维护作业规程

序号	维护项目	作业内容	技术要求
1	发动机润滑油、机油滤清器	①更换机油 ②更换机油滤清器 ③检查机油压力及报警装置	①机油规格：JV 型发动机为 API SF 以上；AFE 发动机为 API SG 以上；AJR 型发动机为 API SJ 以上；润滑油黏度等级（SAE 标准）根据环境温度选择 ②机油总量为 3 L，液面高度（冷车时）应在油尺标记 max 与 min 之间 ③机油滤清器在安装前应先注入机油，并在密封圈上抹一层机油；总成安装固定可靠、密封良好 ④发动机预热后，在冲击载荷作用下，各部位不应有渗、漏油现象 ⑤机油压力应为：怠速时低压处不小于 30 kPa，高压处不小于180 kPa；机油压力报警装置性能良好、可靠
2	空气滤清器、进气预热装置	①检查冷却液预热加热导管和热敏开关（JV 型发动机） ②检查进气歧管电加热器电器线路和热敏开关（JV 型发动机）	①空气滤清器清洁，密封良好，安装可靠 ②恒温进气装置温控开关真空软管无破损，连接可靠，冷热空气转换开关工作灵敏、准确 ③加热导管无老化、破损，连接可靠，当冷却液温度 <60℃时，进气歧管电加热器电器开始工作；当冷却液温度 >70℃时停止工作
3	燃油系统	①检查燃油箱 ②检查燃油管及接头 ③更换清洁燃油滤清器 ④检查燃油泵 ⑤检测燃油压力和系统保持压力（电喷发动机）	①油箱、盖及垫完好，安装可靠，密封良好 ②燃油管无老化、裂损；接头无破损、渗漏，紧固可靠 ③燃油滤清器连同卡箍一起更换（电喷发动机每 3 万 km 更换），安装可靠，密封良好 ④燃油泵工作正常、无异响 ⑤燃油压力标准值（电喷发动机）：怠速时为 230 ~ 250 kPa，急加速时为 260 ~ 280 kPa；当油泵停止工作 10 min 时，系统压力应 >150 kPa
4	化油器及联动机构	①拆洗化油器 ②检查化油器联动装置、紧固螺栓 ③检查手动阻风门开度，调整怠速及排放情况	①化油器各部清洁，油路畅通 ②节气门、阻风门开闭自如，各阀门关闭严密，联动机构运动灵活、不松旷，垫圈、锁销齐全有效 ③各部连接牢固，密封良好 ④各工作系统和附加装置工作正常 ⑤怠速平稳，加速良好，怠速转速为（800 ± 50） r/min，排放符合国家标准

续表

序号	维护项目	作业内容	技术要求
5	喷油器	①检查喷油器的作用 ②每运行6万km清洗喷油器，检查喷油器开启压力 ③检查怠速及排放	①喷油器清洁，动作灵敏，无滴油、漏油现象，开启压力标准值为280～320 kPa ②在热机、点火正时准确，PCV阀取下并堵住时调整怠速；怠速平稳，加速良好，怠速值为（900±50）r/min 排放符合国家标准
6	燃油蒸发控制装置	①检查软管及接头 ②检查活性炭罐电磁阀动作情况	①软管无老化、损裂，连接可靠无泄漏 ②活性炭罐电磁阀动作灵敏
7	曲轴箱通风	检查、清洁PCV阀、PCV阀滤清器、通气软管	①各阀门无堵塞、卡滞现象，灵敏有效 ②PCV滤清器清洁、工作正常 ③通风系统管路清洁、畅通，连接可靠，不漏气
8	三元催化转化器、氧传感器	①检查外观及连接情况 ②检查三元催化转化器内部是否破损、堵塞 ③检查三元催化转化器的作用	①氧传感器完好，工作有效 ②三元催化转化器的保护壳应完整，连接牢靠；内部无破损，不堵塞，工作有效 ③各连接导管连接完好，无泄漏 ④每运行8～10万km更换氧传感器，6～8万km更换三元催化转化器
9	发动机传动带及带轮	①检查传动带及带轮外观 ②调整传动带挠度	①传动带应无龟裂和过量磨损，表面无油污 ②带轮无明显端面圆跳动，轮槽无明显磨损，运转无异响 ③以约98 N的力下压传动带，各部挠度应为：交流发电机处12 mm；水泵处10 mm；转向助力泵处5 mm ④正时松紧度要求：用拇指和食指应能将其翻转90°；每8万km更换
10	配气机构	检查液压挺杆工作状况	发动机正常运转时，挺柱处不应有异响
11	冷却系统	①检查散热器、膨胀水箱、箱盖压力阀及水管 ②检查冷却液品质及液面高度 ③检查水泵 ④检查节温器工作状况 ⑤检查冷却风扇工作状况	①冷却系统各部分无变形、破损及渗漏 ②散热器盖、膨胀水箱盖结合表面良好、密封，箱盖压力阀清洁，不堵塞，能正常开启 ③冷却液液面高度应在储液罐上、下标线之间，冷却系容量为6 L ④水泵无异响、渗漏 ⑤节温器工作灵敏、准确，在（87±2）℃开启，冷却液温度表状况指示正常（系统正常工作温度为90～105℃） ⑥技术要求：冷却风扇运转平稳，高、低挡转速有明显变化，无异响；热敏开关工作灵敏、准确，低速挡在95℃开启，高速挡在105℃开启

续表

序号	维护项目	作业内容	技术要求
12	分电器、高压线	①清洁分电器 ②检查分电器各电极 ③检查分电器高压线及阻值 ④检查分电器轴与壳配合状况，并润滑 ⑤检查霍尔信号发生器转子，检查转子叶轮气隙 ⑥检查、调整点火提前角	①分电器无油污；分电器盖无破损，无裂纹 ②各电极无烧蚀，中心电极若比标准长度短 2 mm 则应更换 ③高压线无破损、不漏电，接线端无缺陷，阻值符合规定 ④分电器轴与壳配合无明显松旷，径向间隙 <0.1 mm ⑤转子叶轮无变形，气隙标准为 0.2 ~0.4 mm ⑥点火提前角：JV 型发动机 6° ±1°；AFE 型发动机 12° ±1°；AJR 型发动机 12° ±4.5°
13	火花塞	①清洁、检查或更换火花塞 ②调整火花塞电极间隙	①电极表面清洁，间隙为：JV、AFE 型发动机 0.7 ~0.8 mm；AJR 型发动机 0.9 ~1.1 mm ②非长效型火花塞 30 000 km 更换；长效型火花塞 60 000 km 更换
14	进排气歧管、消声器	检查、紧固进排气歧管及消声器	①进排气歧管和消声器各部完好，无裂纹，无漏气，消声器性能良好；胶垫齐全 ②排气管固定可靠 ③进排气歧管螺母拧紧力矩为 24 N · m
15	发动机支架	检查、紧固	发动机支架无变形和裂纹，支架胶垫无老化、开裂，支架螺栓连接牢固，拧紧力矩为 70 N · m
16	离合器	①检查、调整离合器踏板自由行程 ②检查离合器的工作状况	①离合器踏板自由行程：15 ~25 mm ②离合器结合平稳，不打滑，无异响，分离彻底，回位灵活
17	手动变速器、差速器	①检查变速器密封状况，紧固各部螺栓 ②检查变速器齿轮油油面高度及油质 ③清洁通气孔塞 ④检查、润滑变速器换挡操纵机构	①变速器外部清洁、无裂纹，各部连接紧固，密封良好，无渗漏油 ②齿轮油清洁，不变质，无焦味；齿轮油规格为：API GL -5；油面应在加油口下边缘 ③通气孔塞清洁、畅通 ④换挡机构操纵灵活、轻便，作用正常，无异响、跳动、乱挡现象
18	自动变速器	①检查变速器油油面高度及油质 ②检查变速器油冷却器密封性 ③检查各传感器，测试主油路压力 ④检查操纵机构	①自动变速器油油面应在油尺 Full 标记处；自动变速器油规格为 Dexrom Ⅱ，每运行 60 000 km 更换，同时更换滤芯 ②变速器油冷却器无损坏、渗漏，液压系统主油路压力符合原厂规定 ③换挡机构操纵灵活、轻便，作用正常，无异响、跳动、乱挡现象

续表

序号	维护项目	作业内容	技术要求
19	驱动轴	①检查防尘罩情况 ②检查驱动轴内外万向节	①防尘罩不得有裂纹、损坏，卡箍可靠 ②安装新防尘罩时不得使防尘罩内产生真空 ③万向节不松旷，无卡滞，无异响
20	转向器、液压助力泵、转向减振器	①检查转向器、液压助力泵、储液罐等部件的密封性 ②检查液压助力泵油质及油面高度 ③检查转向减振器 ④检查液压助力泵工作状况	①转向器、液压助力泵、储液罐密封良好，无渗漏；油管不变形，无阻滞 ②储液罐液面应在规定标线内 ③转向器防尘罩无裂纹、损坏，卡箍可靠 ④液压油品质良好，油面保持在刻度上线，液压油规格为 ATF 或 Dexrom Ⅱ，每运行 6～10 万 km 更换 ⑤转向助力装置工作良好，无异响
21	转向传动机构、车轮定位及转向角	①检查转向传动机构的工作状况，校紧各部螺栓 ②检查转向盘自由转动量 ③检查车轮定位，调整前束或校正、更换有关部件 ④检查、调整前轮转向角	①转向拉杆衬套不松旷，各杆件无明显变形，球头不松旷，各部螺栓连接可靠 ②转向盘位置正确，转向轻便、灵活，无自由转动量 ③车轮定位值标准如下： 前轮　车轮外倾角为 -50′±15′，左右轮最大允差为 10′。主销后倾角：机械转向为 -50′±30′，动力转向为 -1°30′±30′，左右轮最大允差为 30′。主销内倾角为 13°47′，总前束角为 -8′±8′ 后轮　车轮外倾角为 -1°30′±30′，左右轮最大允差为 30′。总前束角为 -12′±20′，左右轮最大允差为 20′（在 2000 年 9 月 VIN 代号为 LS-VACFD07YB103826 之前的车辆　后轮前束角为 -25′±15′，外倾角为 -1°40′±20′） ④转向角：内轮为 40°18′，外轮为 35°36′
22	前轮制动器	①拆卸、清洁各零部件 ②检查各件磨损情况 ③装复并润滑制动器总成，调整轮毂间隙	①各零部件完好、清洁 ②制动盘表面不得有裂纹、沟槽；制动盘厚度不逾限：LX 系列为10 mm，2000 系列为 17.8 mm；端面圆跳动量（外缘最大处）<0.05 mm ③制动摩擦块表面无油污，无裂损，厚度极限值：2.5 mm（不含制动块） ④制动轮缸密封良好，回位自如 ⑤制动钳固定螺栓拧紧力矩：70 N·m ⑥轮毂转动灵活，无异响，轴向间隙<0.1 mm
23	后轮制动器	①拆卸、清洁各零部件 ②检查各件磨损情况 ③装复并润滑制动器总成，调整轮毂间隙	①各零部件完好、清洁 ②制动鼓表面无油污，不得有裂纹、沟槽；制动鼓直径方向的磨损量<1 mm，圆度误差<0.10 mm ③制动摩擦片表面无油污，无裂损；厚度标准值为 5 mm，磨损极限值为<2.5 mm ④轮毂转动灵活，无异响；轴向间隙<0.1 mm

续表

序号	维护项目	作业内容	技术要求
24	制动操纵系统	①检查制动液品质、液面高度及制动液面指示灯开关 ②检查制动管路及接头 ③检查制动主缸和真空助力器工作状况 ④排除系统内空气 ⑤检查踏板自由行程	①制动液不变质，液面高度应与储液罐液面标记平齐，制动液规格为N 052766X0；每2年或运行超过50 000 km更换制动液 ②制动管路无破损、老化，不扭曲，汽车行驶时不碰擦汽车任何部件，连接牢固，各部无渗漏 ③制动主缸、轮缸及助力器密封良好，真空助力器工作有效 ④系统内无空气，制动效能良好，指示灯开关灵敏、有效 ⑤制动踏板自由行程应小于制动总行程的1/3
25	驻车制动器	①检查驻车制动器拉索及锁止状况 ②检查驻车制动器自由行程 ③检查驻车制动灯开关	①驻车制动器支架及各杆件、拉臂无明显变形，连接可靠；驻车制动器拉索不得有断裂或锈蚀，运动灵活 ②驻车制动器生效齿数为2～3齿，20%正反坡驻车有效 ③驻车制动灯开关灵敏、有效
26	悬架	①检查减振器密封及连接状况 ②检查摆臂与球头 ③检查减振弹簧 ④紧固各部螺栓	①减振器不漏油，上部连接支套无凸起、开裂，紧固可靠，减振作用良好 ②当上下晃动前悬架时，摆臂球头与制动器底板间的距离变化<0.8 mm，下摆臂衬套完好，配合无松动 ③减振弹簧无损伤，定位可靠 ④各部件无变形、开裂，连接可靠，拧紧力矩为：前悬架下摆臂与车架连接自锁螺母60 N·m，减振器与车身连接自锁螺母60 N·m；后悬架下摆臂与车架连接自锁螺母70 N·m，减振器与车身连接自锁螺母35 N·m
27	车轮	①清洁、检查轮辋及轮胎胎面 ②进行轮胎换位 ③检查、补充轮胎气压 ④进行车轮动平衡检验	①轮辋无变形和裂纹 ②车轮清洁，胎面无气鼓、裂伤、老化、变形或扎钉，胎面花纹深度>1.6 mm（不露出花纹磨损指示凸台），气门嘴完好 ③轮胎气压标准（空载）：前轮180 kPa；后轮190 kPa；备胎230 kPa ④两前轮转动无明显偏摆，动不平衡质量<5 g ⑤轮胎的装用符合要求，轮胎螺栓拧紧力矩为110 N·m
28	车门、玻璃升降器、发动机盖、后备箱盖	①检查并润滑车门、发动机盖铰链、拉索 ②检查玻璃升降器工作状况	①车门、发动机盖和后备箱盖启闭灵活，锁止可靠 ②车门玻璃完好、清晰，无裂纹，安装牢固，密封良好 ③玻璃升降器升降自如，定位可靠，无卡滞，不自行下滑或上下跳动
29	车身、车架、安全带	①检查、紧固各部螺栓 ②检查安全带	①车身承载部位无裂纹，无变形，车身外壳、底板各部无严重锈蚀、损伤和变形 ②安全带齐全有效
30	座椅、车身、内饰	检查、紧固	①座椅移位方便，锁止可靠 ②后视镜等其他车身内饰齐全、完好

续表

序号	维护项目	作业内容	技术要求
31	蓄电池	①清洁外表及桩头、通气孔 ②检查电解液液面高度 ③测量端电压，补充充电	①蓄电池清洁，支架完好，安装牢固，桩头无腐蚀，连接可靠，通气孔清洁、畅通 ②电解液液面高度符合规定 ③蓄电池放电电流 > 110 A 时端电压不低于 9.6 V
32	发电机及调节器	①检查发电机运转情况 ②测试发电机输出电压	①发动机运转平稳，无异响，连接可靠 ②发电机 1 000 r/min 时（用电器全负荷）输出电 > 12.5 V ③每运行 60 000 km 应解体维护发电机
33	起动机	①检查外观，紧固连接螺栓 ②检查起动机工作状况	①起动机外壳、整流子端盖无裂损、变形，与发动机连接紧固 ②起动电磁开关工作灵敏、可靠，无异响 ③每运行 60 000 km 应解体维护起动机
34	照明设备、仪表、信号装置、喇叭、刮水器、洗涤装置、全车电气线路	检查各部件是否齐全，工作是否正常	①前照灯照射位置和发光强度符合 GB 7258—2004《机动车安全运行技术条件》中的有关规定 ②其他灯光、喇叭、各仪表和信号装置齐全、功能有效 ③刮水器电动机运转无异响，刮水片安装可靠、动作位置正确，挡位清楚、可靠 ④洗涤装置完好、有效 ⑤各电气线路完好，连接正确，绝缘良好，不漏电，卡位可靠
35	空调装置	检查空调系统工作状况、密封状况	①制冷系统清洁、密封，制冷效果良好 ②暖气装置工作正常 ③控制装置工作正常
36	电子控制系统	检视电子控制系统仪表显示（包括 ABS、安全气囊、防盗器等）	电子控制系统仪表显示正常，否则应使用解码仪进行故障查询和数据阅读，并排除故障，然后清除故障码

注：(1) 技术参数参照《上海大众汽车维修手册》。
(2) 适用车型：桑塔纳 LX、2000GLs、2000GLi、2000GSi、2000GSi - AT。
(3) 桑塔纳轿车二级维护周期：15 000 km。
(4) 桑塔纳轿车二级维护基本作业规程。

2. 桑塔纳 3000 系列快速保养

检 修 项 目	里程（1 000 km）			
	7.5	15	30	60
①照明、报警闪光装置、喇叭：检查性能		I		
②刮水器和洗涤装置：检查性能，必要时注入洗涤液		I		
③离合器：检查行程。必要时调整（非自动调整）		A		
④蓄电池：检查蓄电池电解液，必要时加入蒸馏水		I		
⑤发动机：目测有无渗漏（机油、冷却液、燃油及空调系统）	I	I		

续表

检修项目	里程（1 000 km）			
	7.5	15	30	60
⑥冷却系统：检查冷却液液面高度，必要时更正并进行压力测试	I	I		
⑦V带：检查静止状态张紧度，必要时张紧或更换		A		
⑧凸轮轴传动带：检查状态与张紧度，必要时张紧（柴油机）			I	
⑨火花塞：更换（非长时间火花塞）。30 000 km后采用长效火花塞		R		
⑩气门间隙：检查、必要时调整，更换气缸盖衬垫（非液压式挺杆发动机）		A	A	A
⑪空气滤清器：清洗外壳，更换滤芯		I		
⑫燃油滤清器：更换			R	
⑬燃油滤清器：排水（柴油机）	I	I		
⑭发动机盖：上、下部润滑（包括搭钩）	L	L		
⑮门盖铰链、门拉带：润滑	L	L		
⑯机油：更换	R	R		
⑰机油滤清器：更换		R		
⑱操纵：检查波纹管有无渗漏与损坏		I		
⑲制动装置：目测有无渗漏与损坏				
⑳底板保护层：目测有无损坏			I	
㉑排气装置：检查有无损坏		I		
㉒转向横拉杆球头：检查间隙、固定程度及防尘罩				
㉓传动轴：检查防尘罩有无损坏				
㉔变速器、主减速器、轴护套：目测有无渗漏与损坏	I	I		
㉕制动摩擦片：厚度检查	I			
㉖驻车制动：检查，必要时调整（非自动调整）		A		
㉗轮胎：检查花纹深度、花纹类型、调整轮胎压力（包括备用胎）		I		
㉘制动液状态：检查摩擦片衬面摩擦		I		
㉙车轮固定螺栓：根据转矩检查		I		
㉚液压助力转向系统：液压油检查，必要时加入液压油，更换滤网		I		
㉛液压系统：检查液压油状态，必要时加入液压油		I		
㉜自动变速器：检查自动变速器油状态，必要时注入自动变速器油		I		
㉝白金点火：更换（非晶体管点火车辆）		R		
㉞闭合角：检查，必要时调整		A		
㉟点火时刻（提前或延迟）：检查，必要时调整		A		
㊱怠速：检查，必要时调整		A		
㊲怠速时CO含量：检查并调整		A		
㊳前照灯灯光：检查，必要时调整		A		
㊴试车：行车制动、驻车制动、开关操纵及空调性能检查		I		
㊵更换制动液	每2年一次			

注：I—检查；R—更换；A—调整；L—润滑。

附录2　上海通用别克维护作业规范

1. 凯越汽车菜单式维护作业

维护里程	维　护　项　目
5 000 km	□更换发动机机油、机油滤清器　□检查各仪表以及仪表指示警告灯 □检查车轮螺栓扭矩、胎压及胎纹、校正充气压力（包括备胎） □检查车辆外部灯光　□添加燃油清洁剂　□检查底盘渗漏及磕碰 □检查油液高度（转向机油、制动液、离合器油、冷却液、自动变速箱油） □检查刮水器刮片及风窗玻璃清洗液液位　□清洁空气滤清器 □检查转向球头间隙　□检查蓄电池以及充电电压
10 000 km	□更换发动机机油、机油滤清器　□检查各仪表以及仪表指示警告灯 □检查车轮螺栓扭矩、胎压及胎纹、校正充气压力（包括备胎） □检查车辆外部灯光　□添加燃油清洁剂　□检查底盘渗漏及磕碰 □检查油液高度（转向机油、制动液、离合器油、冷却液、自动变速箱油） □检查刮水器刮片及风窗玻璃清洗液液位　□清洁空气滤清器 □检查转向球头间隙　□检查蓄电池以及充电电压 □检查制动管路以及制动片磨损情况 □检查底盘螺栓螺母、减振器、控制臂、护翼和防尘罩 □检查动力转向系统各部件　□更换空气滤清器　□整车铰链润滑 □更换空调空气滤清器　□点火锁芯维护 □曲轴箱通风清理和怠速电动机清洗 □轮胎换位　□更换刮水器刮片 □检查空调系统制冷制热以及泄漏情况 □检查冷却系统各部件（包括水箱、储液罐、水管、水泵以及各部件接口） □使用车用电脑 TECH2 检查各电子模块 □检查手动变速箱油油液液位及品质
20 000 km	□更换发动机机油、机油滤清器　□检查各仪表以及仪表指示警告灯 □检查车轮螺栓扭矩、胎压及胎纹、校正充气压力（包括备胎） □检查车辆外部灯光　□添加燃油清洁剂　□检查底盘渗漏及磕碰 □检查油液高度（转向机油、制动液、离合器油、冷却液、自动变速箱油） □检查刮水器刮片及风窗玻璃清洗液液位　□清洁空气滤清器 □检查转向球头间隙　□检查蓄电池以及充电电压 □检查制动管路以及制动片磨损情况 □检查底盘螺栓螺母、减振器、控制臂、护翼和防尘罩 □检查动力转向系统各部件　□更换空气滤清器　□整车铰链润滑 □更换空调空气滤清器　□点火锁芯维护 □曲轴箱通风清理和怠速电动机清洗

续表

维护里程	维　护　项　目
20 000 km	□轮胎换位　□更换刮水器刮片 □检查空调系统制冷制热以及泄漏情况 □检查冷却系统各部件（包括水箱、储液罐、水管、水泵以及各部件接口） □使用车用电脑 TECH2 检查各电子模块 □检查手动变速箱油油液液位及品质 □检查驻车制动器以及驻车制动片 □检查发动机附件驱动皮带　□更换燃油滤清器 □更换火花塞（1.6 L）　□检查火花塞高压线 □检查正时带以及张紧轮 □检查手动变速箱、离合器自由行程
30 000 km	□更换发动机机油、机油滤清器　□检查各仪表以及仪表指示警告灯 □检查车轮螺栓扭矩、胎压及胎纹、校正充气压力（包括备胎） □检查车辆外部灯光　□添加燃油清洁剂　□检查底盘渗漏及磕碰 □检查油液高度（转向机油、制动液、离合器油、冷却液、自动变速箱油） □检查刮水器刮片及风窗玻璃清洗液液位　□清洁空气滤清器 □检查转向球头间隙　□检查蓄电池以及充电电压 □检查制动管路以及制动片磨损情况 □检查底盘螺栓螺母、减振器、控制臂、护翼和防尘罩 □检查动力转向系统各部件　□更换空气滤清器　□整车铰链润滑 □更换空调空气滤清器　□点火锁芯维护 □曲轴箱通风清理和怠速电动机清洗 □轮胎换位　□更换刮水器刮片 □检查空调系统制冷制热以及泄漏情况 □检查冷却系统各部件（包括水箱、储液罐、水管、水泵以及各部件接口） □使用车用电脑 TECH2 检查各电子模块 □检查手动变速箱油油液液位及品质 □检查驻车制动器以及驻车制动片 □检查发动机附件驱动皮带　□更换燃油滤清器 □更换火花塞（1.6 L）　□检查火花塞高压线 □检查正时带以及张紧轮 □检查手动变速箱、离合器自由行程 □更换正时带（45 000 km）　□更换制动液和离合器液
60 000 km	□更换发动机机油、机油滤清器　□检查各仪表以及仪表指示警告灯 □检查车轮螺栓扭矩、胎压及胎纹、校正充气压力（包括备胎） □检查车辆外部灯光　□添加燃油清洁剂　□检查底盘渗漏及磕碰 □检查油液高度（转向机油、制动液、离合器油、冷却液、自动变速箱油） □检查刮水器刮片及风窗玻璃清洗液液位　□清洁空气滤清器 □检查转向球头间隙　□检查蓄电池以及充电电压 □检查制动管路以及制动片磨损情况 □检查底盘螺栓螺母、减振器、控制臂、护翼和防尘罩 □检查动力转向系统各部件　□更换空气滤清器　□整车铰链润滑 □更换空调空气滤清器　□点火锁芯维护 □曲轴箱通风清理和怠速电动机清洗　□轮胎换位　□更换刮水器刮片 □检查空调系统制冷制热以及泄漏情况

续表

维护里程	维 护 项 目
60 000 km	□检查冷却系统各部件（包括水箱、储液罐、水管、水泵以及各部件接口） □使用车用电脑 TECH2 检查各电子模块 □检查手动变速箱油油液液位及品质 □检查驻车制动器以及驻车制动片 □检查发动机附件驱动带 □更换燃油滤清器 □更换火花塞（1.6 L） □检查火花塞高压线 □检查正时带以及张紧轮 □检查手动变速箱、离合器自由行程 □更换正时带（45 000 km） □更换制动液和离合器液 □更换冷却液 □更换自动变速箱液 □更换发动机附件驱动带 □更换火花塞（1.8 L） □更换前轮制动片

2. 林荫大道菜单式维护作业

维护里程	维 护 项 目
5 000 km	□更换发动机机油、机油滤清器 □检查各仪表以及仪表指示警告灯 □检查车轮螺栓扭矩、胎压及胎纹、校正充气压力（包括备胎） □检查车辆外部灯光 □添加燃油清洁剂 □检查底盘渗漏及磕碰 □检查油液高度（转向机油、制动液、离合器油、冷却液、自动变速箱油） □检查刮水器刮片及风窗玻璃清洗液液位 □清洁空气滤清器 □检查转向球头间隙 □检查蓄电池以及充电电压 □检查制动管路以及制动片磨损情况 □检查底盘螺栓螺母、减振器、控制臂、护翼和防尘罩 □检查动力转向系统各部件 □更换空气滤清器 □整车铰链润滑
10 000 km	□更换发动机机油、机油滤清器 □检查各仪表以及仪表指示警告灯 □检查车轮螺栓扭矩、胎压及胎纹、校正充气压力（包括备胎） □检查车辆外部灯光 □添加燃油清洁剂 □检查底盘渗漏及磕碰 □检查油液高度（转向机油、制动液、离合器油、冷却液、自动变速箱油） □检查刮水器刮片及风窗玻璃清洗液液位 □清洁空气滤清器 □检查转向球头间隙 □检查蓄电池以及充电电压 □检查制动管路以及制动片磨损情况 □检查底盘螺栓螺母、减振器、控制臂、护翼和防尘罩 □检查动力转向系统各部件 □更换空气滤清器 □整车铰链润滑 □更换空调空气滤清器 □点火锁芯维护 □曲轴箱通风清理和怠速电动机清洗 □轮胎换位 □更换刮水器刮片 □检查空调系统制冷制热以及泄漏情况 □检查冷却系统各部件（包括水箱、储液罐、水管、水泵以及各部件接口） □使用车用电脑 TECH2 检查各电子模块 □轮胎换位
20 000 km	□更换发动机机油、机油滤清器 □检查各仪表以及仪表指示警告灯 □检查车轮螺栓扭矩、胎压及胎纹、校正充气压力（包括备胎） □检查车辆外部灯光 □添加燃油清洁剂 □检查底盘渗漏及磕碰 □检查油液高度（转向机油、制动液、离合器油、冷却液、自动变速箱油） □检查刮水器刮片及风窗玻璃清洗液液位 □清洁空气滤清器

续表

维护里程	维 护 项 目
20 000 km	□检查转向球头间隙 □检查蓄电池以及充电电压 □检查制动管路以及制动片磨损情况 □检查底盘螺栓螺母、减振器、控制臂、护翼和防尘罩 □检查动力转向系统各部件 □更换空气滤清器 □整车铰链润滑 □更换空调空气滤清器 □点火锁芯维护 □曲轴箱通风清理和怠速电动机清洗 □轮胎换位 □更换刮水器刮片 □检查空调系统制冷制热以及泄漏情况 □检查冷却系统各部件（包括水箱、储液罐、水管、水泵以及各部件接口） □使用车用电脑 TECH2 检查各电子模块 □轮胎换位 □更换驻车制动器以及驻车制动片
30 000 km	□更换发动机机油、机油滤清器 □检查各仪表以及仪表指示警告灯 □检查车轮螺栓扭矩、胎压及胎纹、校正充气压力（包括备胎） □检查车辆外部灯光 □添加燃油清洁剂 □检查底盘渗漏及磕碰 □检查油液高度（转向机油、制动液、离合器油、冷却液、自动变速箱油） □检查刮水器刮片及风窗玻璃清洗液液位 □清洁空气滤清器 □检查转向球头间隙 □检查蓄电池以及充电电压 □检查制动管路以及制动片磨损情况 □检查底盘螺栓螺母、减振器、控制臂、护翼和防尘罩 □检查动力转向系统各部件 □更换空气滤清器 □整车铰链润滑 □更换空调空气滤清器 □点火锁芯维护 □曲轴箱通风清理和怠速电动机清洗 □轮胎换位 □更换刮水器刮片 □检查空调系统制冷制热以及泄漏情况 □检查冷却系统各部件（包括水箱、储液罐、水管、水泵以及各部件接口） □使用车用电脑 TECH2 检查各电子模块 □轮胎换位 □更换驻车制动器以及驻车制动片 □更换燃油滤清器 □更换制动液
60 000 km	□更换发动机机油、机油滤清器 □检查各仪表以及仪表指示警告灯 □检查车轮螺栓扭矩、胎压及胎纹、校正充气压力（包括备胎） □检查车辆外部灯光 □添加燃油清洁剂 □检查底盘渗漏及磕碰 □检查油液高度（转向机油、制动液、离合器油、冷却液、自动变速箱油） □检查刮水器刮片及风窗玻璃清洗液液位 □清洁空气滤清器 □检查转向球头间隙 □检查蓄电池以及充电电压 □检查制动管路以及制动片磨损情况 □检查底盘螺栓螺母、减振器、控制臂、护翼和防尘罩 □检查动力转向系统各部件 □更换空气滤清器 □整车铰链润滑 □更换空调空气滤清器 □点火锁芯维护 □曲轴箱通风清理和怠速电动机清洗 □轮胎换位 □更换刮水器刮片 □检查空调系统制冷制热以及泄漏情况 □检查冷却系统各部件（包括水箱、储液罐、水管、水泵以及各部件接口） □使用车用电脑 TECH2 检查各电子模块 □轮胎换位 □更换驻车制动器以及驻车制动片 □更换燃油滤清器 □更换冷却液 □更换自动变速箱液和滤清器 □更换发动机附件驱动皮带 □更换前轮制动片 □更换动力转向油 □更换差速器油

3. 君威菜单式维护作业

维护里程	维 护 项 目
5 000 km	□更换发动机机油、机油滤清器 □检查各仪表以及仪表指示警告灯 □检查车轮螺栓扭矩、胎压及胎纹、校正充气压力（包括备胎） □检查车辆外部灯光 □添加燃油清洁剂 □检查底盘渗漏及磕碰 □检查油液高度（转向机油、制动液、离合器油、冷却液、自动变速箱油） □检查刮水器刮片及风窗玻璃清洗液液位 □清洁空气滤清器 □检查转向球头间隙 □检查蓄电池以及充电电压
10 000 km	□更换发动机机油、机油滤清器 □检查各仪表以及仪表指示警告灯 □检查车轮螺栓扭矩、胎压及胎纹、校正充气压力（包括备胎） □检查车辆外部灯光 □添加燃油清洁剂 □检查底盘渗漏及磕碰 □检查油液高度（转向机油、制动液、离合器油、冷却液、自动变速箱油） □检查刮水器刮片及风窗玻璃清洗液液位 □清洁空气滤清器 □检查转向球头间隙 □检查蓄电池以及充电电压 □更换空气滤清器 □轮胎换位 □使用车用电脑 TECH2 检查各电子模块 □点火锁芯维护 □曲轴箱通风清理和怠速电动机清洗 □整车铰链润滑 □更换刮水器刮片 □检查空调系统制冷制热以及泄漏情况 □检查冷却系统各部件（包括水箱、储液罐、水管、水泵以及各部件接口） □检查底盘螺栓螺母、减振器、控制臂、护翼和防尘罩 □检查手动变速箱油油液液位及品质 □检查动力转向系统各部件 □检查正时带以及张紧轮（2.0 L）
20 000 km	□更换发动机机油、机油滤清器 □检查各仪表以及仪表指示警告灯 □检查车轮螺栓扭矩、胎压及胎纹、校正充气压力（包括备胎） □检查车辆外部灯光 □添加燃油清洁剂 □检查底盘渗漏及磕碰 □检查油液高度（转向机油、制动液、离合器油、冷却液、自动变速箱油） □检查刮水器刮片及风窗玻璃清洗液液位 □清洁空气滤清器 □检查转向球头间隙 □检查蓄电池以及充电电压 □更换空气滤清器 □轮胎换位 □使用车用电脑 TECH2 检查各电子模块 □点火锁芯维护 □曲轴箱通风清理和怠速电动机清洗 □整车铰链润滑 □更换刮水器刮片 □检查空调系统制冷制热以及泄漏情况 □检查冷却系统各部件（包括水箱、储液罐、水管、水泵以及各部件接口） □检查底盘螺栓螺母、减振器、控制臂、护翼和防尘罩 □检查手动变速箱油油液液位及品质 □检查动力转向系统各部件 □检查正时带以及张紧轮（2.0 L） □更换火花塞（2.0 L） □更换燃油滤清器 □检查调整手动变速器、离合器自由行程 □检查发动机附件驱动带 □检查火花塞高压线 □检查驻车制动器和驻车制动片

续表

维护里程	维护项目
30 000 km	□更换发动机机油、机油滤清器 □检查各仪表以及仪表指示警告灯 □检查车轮螺栓扭矩、胎压及胎纹、校正充气压力（包括备胎） □检查车辆外部灯光 □添加燃油清洁剂 □检查底盘渗漏及磕碰 □检查油液高度（转向机油、制动液、离合器油、冷却液、自动变速箱油） □检查刮水器刮片及风窗玻璃清洗液液位 □清洁空气滤清器 □检查转向球头间隙 □检查蓄电池以及充电电压 □更换空气滤清器 □轮胎换位 □使用车用电脑 TECH2 检查各电子模块 □点火锁芯维护 □曲轴箱通风清理和怠速电动机清洗 □整车铰链润滑 □更换刮水器刮片 □检查空调系统制冷制热以及泄漏情况 □检查冷却系统各部件（包括水箱、储液罐、水管、水泵以及各部件接口） □检查底盘螺栓螺母、减振器、控制臂、护翼和防尘罩 □检查手动变速箱油油液液位及品质 □检查动力转向系统各部件 □检查正时带以及张紧轮（2.0 L） □更换火花塞（2.0 L） □更换燃油滤清器 □检查调整手动变速器、离合器自由行程 □检查发动机附件驱动带 □检查火花塞高压线 □检查驻车制动器和驻车制动片 □更换制动器液和离合器液
60 000 km	□更换发动机机油、机油滤清器 □检查各仪表以及仪表指示警告灯 □检查车轮螺栓扭矩、胎压及胎纹、校正充气压力（包括备胎） □检查车辆外部灯光 □添加燃油清洁剂 □检查底盘渗漏及磕碰 □检查油液高度（转向机油、制动液、离合器油、冷却液、自动变速箱油） □检查刮水器刮片及风窗玻璃清洗液液位 □清洁空气滤清器检查 □转向球头间隙 □检查蓄电池以及充电电压 □更换空气滤清器 □轮胎换位 □使用车用电脑 TECH2 检查各电子模块 □点火锁芯维护 □曲轴箱通风清理和怠速电动机清洗 □整车铰链润滑 □更换刮水器刮片 □检查空调系统制冷制热以及泄漏情况 □检查冷却系统各部件（包括水箱、储液罐、水管、水泵以及各部件接口） □检查底盘螺栓螺母、减振器、控制臂、护翼和防尘罩 □检查手动变速箱油油液液位及品质 □检查动力转向系统各部件 □检查正时带以及张紧轮（2.0 L） □更换火花塞（2.0 L） □更换燃油滤清器 □检查调整手动变速器、离合器自由行程 □检查发动机附件驱动带 □更换正时带以及张紧轮（2.0 L） □检查火花塞高压线 □检查驻车制动器和驻车制动片 □更换制动器液和离合器液 □更换冷却液 □更换自动变速箱液 □更换发动机附件驱动带 □更换前轮制动片